屋敷林

散型都市環境

ナカニシヤ出版

はじめに

北海道を訪ねたことがある人は、農村地帯における赤や青の屋根の農家が、広い畑地の中に、点々と存在している光景を思い起こすことができると思う。あるいは、そんな状況をテレビの画面などで見たことがある方はさらに多いと思う。それらが「散村」と呼ばれる農村地帯の典型的な例の一つである。

このような北海道の散村を初めて見た人の場合、どのように感じるのであろうか。農家がこのように点在しているのは、北海道の平野が非常に広いからだろうとか、農業規模が大きいからだと思う人があるかもしれない。あるいは、北海道の開拓が明治以後に急速に進んだことを思い出す人もあるかもしれない。

このような感覚が生ずる背景は本州の農村にあるかもしれない。例えば本州に生まれ育ち、農家が集まった伝統的な農村を見慣れた人にとっては、北海道のこのような散村も同じく農村かと、景観の違いに驚くとしても不思議ではない。

しかも世界には、さらに広い平原に、さらにまばらに農家が点在した散村もある。例えば、広大な平原からなる北米大陸中西部では、農家が北海道よりさらに広い間隔を置いて点在することが多い。

オーストラリアの平原でも、それに類似した、隣家まで数キロメートルもあるような散村が見られる。

本州の各地はこのようには広くないが、農村とはどのようなイメージであろうか。人によって慣れ親しんだ農村はさまざまであり、思い出す農村は違うであろうが、近畿地方の場合であれば、ほとんどが瓦葺の農家の寄り集まった農村であろう。あるいは新潟平野などでは、微高地上の列状の塊となった農家群からなる農村が多い。

しかしその一方で、富山県の砺波平野や黒部川流域の平野、あるいは岩手県の胆沢地方などには、点在した農家からなる散村地帯がある。島根県の出雲平野や、香川県の高松平野などにも、状況はそれぞれやや異なるが、やはり点在した農家群からなる散村地帯が見られる。

点在する農家からなる散村地帯の成立は、平野の広さが理由ではない。とすれば、それでは何が理由でそのような形態となっているのだろうか、どのような特徴を持っているのであろうか。なぜ隣家と離れているのであろうか。このような散村地帯は、生活が不便ではないのか、などといったさまざまな疑問が生じるかもしれない。

本書は、このような散村と屋敷林について検討を加えるのが目的である。そのために、日本にも世界各地にも存在するさまざまな散村について、まずその多様な特徴に注目したい。それらの特徴を踏まえた上で、日本における代表的な散村地帯である砺波平野を中心に、散村と散村地域について検討を加えたい。それによって散村という形態からなる農村の特徴が、より鮮明に浮かび上がることを期待したい。

第1章「さまざまな散村」ではまず、日本各地の例のみならず、ヨーロッパや北アメリカ・オーストラリアなど、世界の多様な散村の状況を紹介する。点在する農家からなる散村地帯では、農家から見ればそれぞれが、水田やさまざまな作物の畑などの農地に取り囲まれている。まず、農家と、その周囲に広がる農地との関係が問題になろう。また、農家が離れて点在するといっても、その距離がかなり遠い場合も、それ程でない場合もある。さらに、農家の屋敷地に林（屋敷林）を伴っている場合もあり、そうでない場合もある。屋敷林がある場合であっても、林の由来や規模・構造はいろいろであり、それらのさまざまな状況についても確認したい。

これらの確認をした上で、代表的な散村地帯である砺波平野を中心に取り上げ、平野そのものの自然条件や、歴史的な展開過程、また、現代におけるありようや変化にも視野を広げたい。

第2章「古代・中世の砺波平野」では、砺波平野の開発の歴史を軸に検討する。砺波平野の地形的な特性を概観することと、古代・中世の史料や発掘調査結果を眺めることによって、砺波散村の起源や背景を探るのが目的である。

第3章「近世・近代の砺波平野」では、自然条件の変化に対応しつつ開発が進行し、それとともに現在の散村の基礎が展開した過程と、散村の農家がそれぞれ屋敷林を伴うようになった様相について検討を加えたい。

散村という農村の存在は、見方によれば特異な形態ともいえるが、散村がいくつかの条件の下で必然的に成立した、農村の典型の一つであることが明らかになると思われる。

このような散村地帯には、散村だけではなく、中心集落あるいは小都市も存在する。

第4章「散村・小都市群の成立と動態」では、散村地帯が展開する地域全体の構造に注目したい。散村地帯に存在する中心集落である町（小都市）は、散村地帯と関連しつつ、成立・展開しているのが普通である。散村地帯は実際には、散村と小都市群からなる、両者が一体となった地域構造となっているのである。その動態を検討し、オーストラリアの事例なども比較検討を試みたい。砺波平野の小都市群の動向は、これと大きく異なっていることが知られるであろう。

第5章「農業構造の変化と砺波散村」では、近年の新しいインフラストラクチュアや農業経営の動向についても触れて、現代の散村の意義や在り方、また内包している課題や今後の方向性についても触れておきたい。砺波の散村・小都市郡地域が、全体として分散型の都市環境を呈していることにも触れたい。

なお、文中で出典の示されていない写真は、すべて著者撮影のものである。

散村と屋敷林　目次

散村と屋敷林

——砺波平野の分散型都市環境——

1 さまざまな散村

1　散村とは何か

農地と農家

農村風景に魅せられる人々は多いと思う。しかし一口に農村といっても、人によって思い浮かべる状況はさまざまであろう。日本で代表的なのは、水田稲作を中心とした伝統的な農村であるが、これとはまったく異なった農村もある。例えば北海道の麦畑やジャガイモ畑、沖縄のサトウキビ畑、あるいは高冷地のキャベツ畑のような畑作中心の場合もある。日本だけでなく、世界中のそれぞれの場所に、さまざまな伝統的な特徴を備えた農村がある。

農村とは農業を生業《なりわい》としている村落である。農業や牧畜の生産物である農作物や畜産物、それらの栽培法や飼育法は多様であるが、いずれも農業ないし牧畜であり、その場所は農牧地である。以下に述べるように、作物栽培の農地と牧畜用の放牧地は、必ずしも固定的に区別されて別々に存在するものではない。

本書では農地に放牧地を含む場合があることを考慮し、粗放的な永久放牧地を別として、両者を逐一区別して表現しないこととする。機械化以前の農業には役畜が必要とされ、機械化以後においても乳用・肉用などの家畜が加わることが多いからである。いずれにしろ、粗放的放牧地帯を除けば、伝統的な農村を構成するのは基本的に農地と農家であることになる。

この農地を利用方法によって区分すると、「耕地」や家畜の「放牧地」と、「樹園地」・「林地」・「採草地」などに大別できる。耕地とは、土地を耕して作物栽培をする農地であるが、作物や耕作方法によって異なった特徴がある。代表的な違いは、稲作等のために湛水する水田と、麦やトウモロコシなどの穀物や青刈用（飼料用）作物栽培のような、湛水しない畑である。水田と畑は、湛水の必要性の有無によって、耕地の在り方や利用の状況が大きく異なる。

この農地の表現に含まれる放牧地は、畜舎近くの永年放牧地や、作物栽培地における、後に説明するような「輪作」の間の放牧地である。

樹園地・林地は果樹・木材の生産地であるが、ヨーロッパでは林地が放牧地となった場合もある。採草地とは、耕作をしないが肥料用・飼料用などの草木を入手する土地であり、日本では、耕地の地先の河川沿いの草地や、里山の入会地などが代表的であった。

これらの土地利用の違いを生じさせるのは、直接的には実際に栽培する作物、あるいは飼育する家畜などの種類や栽培・飼育方法などである。その背景には地形条件やそれに伴う水利条件があり、それぞれの農業技術の段階や歴史的・社会的状況によっても土地利用の状況が異なった。さらにこれらは、地形のみならず、もともとの気候・土壌・植生などの状況への対応でもあった。

例えば中世以来のヨーロッパ各地の農村では、地力維持のために、年や季節によって異なった作物を栽培する「輪作」や、穀物栽培を休む「休閑」が行われていたことが多かった。このような場合には、休閑の耕地を放牧地へと転換する年があって、耕地（畑）と放牧地の区分も固定的ではなかった

（「オープンフィールド（解放耕地）」と呼ばれる）。

また現代日本における、各土地区画に用・排水設備が完備した耕地では、水田としても畑としても利用されているのが現状であり、湛水する水田であっても、必ずしも固定的ではなくなっている。

一方農家とは、農業を営む人々の居住場所であることはいうまでもないが、農家の敷地内でも、家畜の飼育や一部の農作業を行う場合もある。そのために農家は、母屋（住居建物）に加えて、貯蔵用の蔵あるいは農具小屋、作業用の納屋・畜舎などの施設、ないしこれらの一部からなっていることが多い。

農村のかたち

さらに、農村地帯の農家の分布状況には、開拓の歴史や農業の種類、あるいは地形条件や気候条件によって、さまざまな形状が発生した。中でも対照的なのが「散村」と「集村」である。分布だけから見れば、散村は農家が分散して存在し、集村は農家が集まって存在している状況である。

散村ではまた、農家と、その農家によって経営される周囲の農地が一体となり、農家と農地からなる単位が分散しているのが典型的である。これと対置される集村では多くの農家が一か所に集中し、そのために、それぞれの農家によって経営される農地が分散しているのが普通である。農家が集中しているので、各農家の経営農地が分散せざるを得ない状況が生じた結果である。

集村にはさらに、農家が塊状に集中した塊村の形状もあれば、道路沿いに長く並んだ路村や街村と呼ばれる形態をはじめ、堤防や砂堆上などの微高地に列状に並んだ列村などの多様な形態がある。また、集村になっても不思議ではないほどの数の農家が存在しても、それらが農地を介在しつつルーズに分布している場合があり、「疎塊村」あるいは「疎集村」と呼ばれる。

これらのほかに、数戸の農家が集中しているとも分散しているともいえない程度の分布からなる「小村」があり、散村と集村の中間的な状況である。

このような農家の在り方について、分散・集中という点からみれば、これらの形態は「散村－小村－疎塊村－集村（塊村）」となり、小村と疎塊村は、散村と集村の中間的な分布形態である。

これらの農村はいずれの形態にしても、やがてそれぞれが領域単位やいろいろな社会単位を形成するようになり、歴史的な「村」を構成した。近代の行政的な単位となってからは合併を繰り返して、かつての村が、現在の地方自治体の一部となっていることが多いことは周知のところであろう。このような領域単位の構成や規模も農村の特徴の一つであるが、本書では伝統的な農村の形態にまず注目したい。

農村が、散村の形態であろうと、集村の形態であろうと、農家が存在する状況を集落（ドイツ語のSiedlung。英語のsettlementに相当）と表現するのが普通であり、その分布状況が集落形態である。「集」と「散」の字義の相違からすればやや違和感を覚える場合があるかもしれないが、散村であっても集落という表現が用いられることに留意しておきたい。なお一般的に、集落には都市も含まれる。農村集落を村落と表現する場合もある。

日本における散村という集落形態については、小川琢治（京都帝国大学初代地理学教授）以来、ドイツ語での「Einzelhof（孤立荘宅）」や、英語での「homestead（自営農地付き農家、以下、ホームステッドと表現）」に相当すると考えられ、研究用語として定着し、さらに一般用語としても使用されてきた。

一方、近年の農林水産省の統計では、農村地帯の民家の分布状況を「密居・集居・散居」と区分していることにも触れておきたい。これに倣って散村を散居村と表現する場合も見られるが、この用語は生業や経営農地との関わりの状況を考慮していない。散村研究の歴史から得られた特性を反映していない分類であり、視覚上の分布を指す分類に過ぎない。本書では基本的に散村・小村・疎塊村・集村（塊村）の表現に拠りたい。

日本の散村の検討に入る前に、まず、定義が成立したドイツの孤立荘宅や、ヨーロッパの類似の散村、さらに、北米のホームステッドなどの状況をみておきたい。

ヨーロッパの散村

ドイツでは農村集落の形態分類が盛んであり、日本における研究にも大きな影響を及ぼしてきた。さまざまな集落形態があることは日本とも共通するが、北西ドイツに相当するヴェストファーレン州の粘土質ミュンスターラントと呼ばれる地域では、ドルッベルと称される小村と、孤立荘宅地帯が存在し、ドルッベルの方が発生的に古いと考えられている。

ドルッベルはエッシュと呼ばれる微高地の分布地帯に成立し、数戸の農家が比較的近接してグループを形成した形態であり、周辺に孤立荘宅が存在する場合もある。これに対して孤立荘宅地帯には、ドルッベルや塊村が存在せず、農村成立の当初から孤立荘宅が支配的であったとされる。

ドルッベルの場合は、エッシュ上に各農家の耕地が分散して存在し、互いに他農家の経営耕地と入り混じっていた。これに対して孤立荘宅地帯の場合、当初から孤立荘宅の周りに経営地が集中した、農家と農地が一体の単位であった。これを散村地帯とも表現できる。

浮田典良の調査（『北西ドイツ農村の歴史地理学的研究』）によれば、粘土質ミュンスターラントのニーンベルゲ村中央部付近の孤立荘宅地帯では、図1－1のような状況であった。

まず、A・B・C・Dの四戸の孤立荘宅が、Dの一か所の農地だけが離れている例外を除いて、経営地を周囲に集中させていることが知られる。従って、典型的な孤立荘宅地帯である。また、同図に表現されているように、Cの北方と同図の上端付近に、針葉樹の林と広葉樹の林がある。

同図には表現されていないが、生垣が耕地群をブロック状に取り囲んでいることも、あわせて報告されている。生垣は、耕地群が休閑地となった際に、家畜を放牧するための柵の役割を果したとされる。

さらに同図では、B・Cの孤立荘宅が堀で囲まれている様子が知られる。以前にはA・Dにも環濠があったと報告されている。ニーンベルゲ村には、このような環濠を備えた孤立荘宅が多いという。粘土質ミュンスターラントは環濠が不可欠なほど低湿ではないが、一般に粘土質の土地の排水には環濠が有効であるとされる。ただし環濠は大農家に多く、「水城」と称された中世騎士の館に倣った、装飾的に威儀を整える意味もあったとみられるという。

ベルギー北部平原の西フランドル地方でも散村地帯が広がり、散村の農家が溝で囲まれている例が多数存在することが報告されている。谷岡武雄（『歴史地理学』）によれば、この環濠の形状は多様であるが、標高一〇メートル代の低地に存在する例が多いとされる。現在では極端な低湿地とはみられないが、かつてはかなり湿潤であったと思われるところに立地しているという。粘土質ミュンスターラントの場合と異なり、排水が不可欠であったことが推測される。この場合の環濠形成は、排水を主目的としたことに

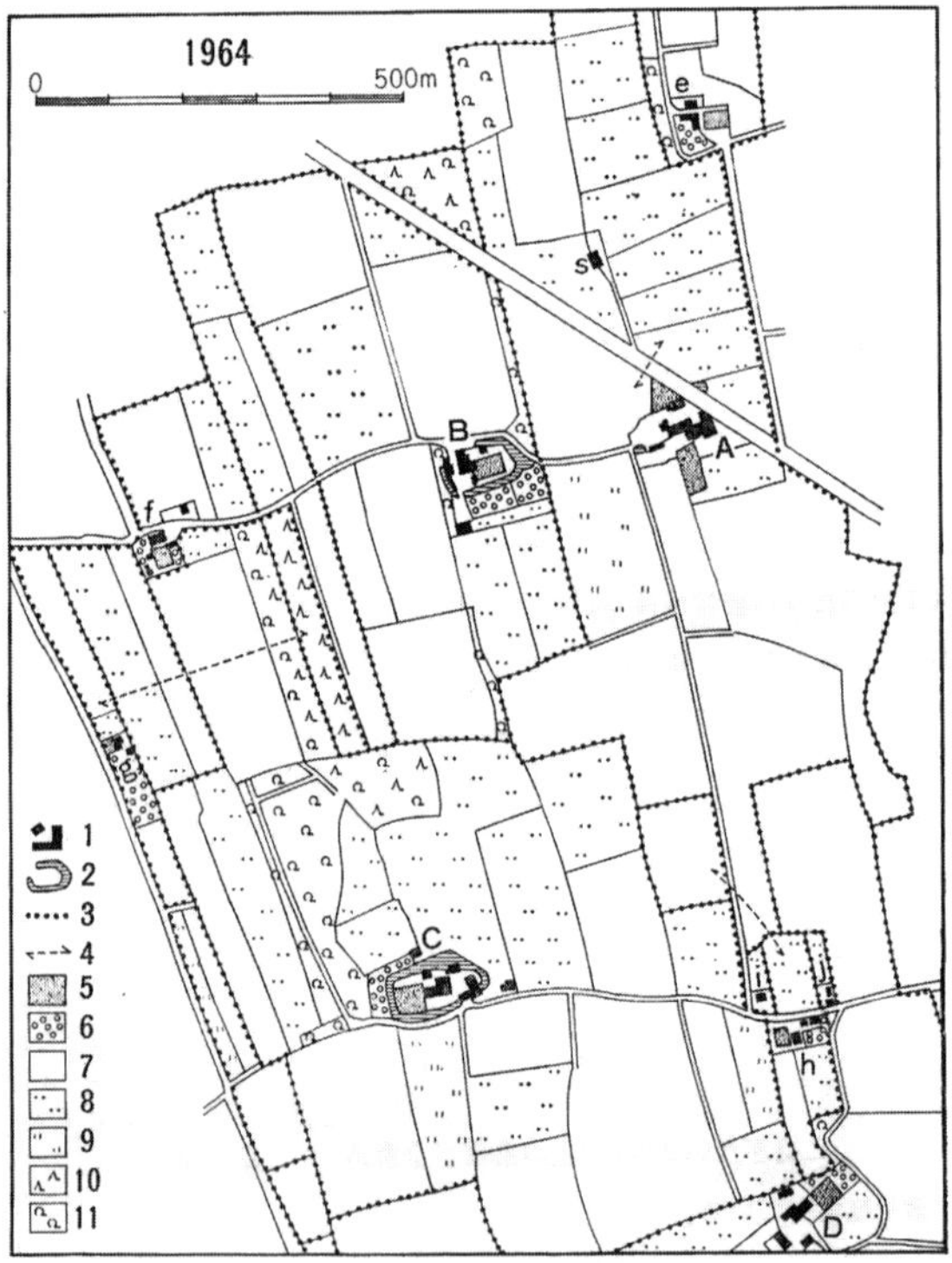

1 農家の建物　2 環濠　3 所有地の境界　4 同一所有者を示す
5 園地　6 果樹園兼放牧地　7 畑　8 放牧地　9 干草用草地
10 針葉樹林　11 広葉樹林

図1-1　ニーンベルゲ村の孤立荘宅（浮田典良、1970年）

なろう。

フランスでは、マルク・ブロックの古典的な研究（『フランス農村史の基本性格』）以来、西部の大西洋岸付近に散村が多いことが知られている。谷岡（『フランスの農村』）は、ブルターニュ地方とロアール川以南のポアトゥー地方における、次のような、いずれも散在した農家群（谷岡は「散居農家」と表現、以下散村と表現）の例を紹介している。

ブルターニュ半島付け根付近のパッセ村は、二つの集村と、村域全体に散在した農家群からなっている。一九五四年には家数が四三九（世帯数五一八）であり、その内約八〇パーセントにあたる、三四一戸が散村の農家であったという。四角形の中庭を囲むように、母屋をはじめ鶏舎・牛小屋・豚小屋・納屋・ガレージなどの付属施設が配置されているのが典型的であるとされる。中央ブルターニュでは、経営体総数九八二七のうち三三パーセントが一〇〜二〇ヘクタールの経営規模（一九五五・五六年度）であったとされる。

ヴァンデ・ボカージュと呼ばれる、ポアトゥー地方大西洋岸のサン・イレール村の場合、一九五八年の人口二五一三人（集村部一九六人）、世帯数七四一であり、やはり散村地帯であった。農業経営は三八六戸（ほかに農業労働者七七人、一九五五・五六年度）であり、その内、約四割が自作農、約三割が小作農、約二割が分益小作農、ほかに混合型が若干であった。一農家当たりの経営面積が二〇ヘクタール強と比較的規模が大きく、また、平均一二・四頭の牛（このうち四〜五頭は乳牛）を飼育していた。

ボカージュとは、牧草地などの境界付近に小規模な列状の林が存在する景観を指しており、ミュンスタラントのニーンベルゲ村の林とも類似する面があるが、いずれも散村の農家所在地とは別の位置である。

一方、イングランドでは中世以来、耕作の休閑期に共同放牧を行う、解放耕地を伴う集村が多かった。このような村落が、「タウンシップ」と呼ばれる村落コミュニティの単位でもあった。

しかし貨幣経済の進展とともに、一五世紀後半ごろから貧富の差が拡大して、富裕層の独立自営農化が進んだ（第一次農業革命）。それに伴って、富裕層が農地を囲い込んで専用農地化する動向（農民エンクロージャーと呼ばれる囲い込み）が進み、このような富裕農家は囲い込んだ農地へと住居を移した。それに伴って、解放耕地と一体であった集村の形態が一部崩壊し始めた。

さらに一七世紀には、農業技術の進展と新しい飼料作物の導入によって生産性が大きく上昇した（第二次農業革命）。それに伴い一層利益を上げるために、農地の整理統合や、有力農民による農地の囲い込みが盛んになった。議会は、この動向を管理するために法律を制定し、既存の耕地や周辺の荒地の囲い込みが大きく進展した（議会エンクロージャー）。その数は、一七世紀後半から一九世紀前半にかけて、記録が残るものだけで六五六五件に及ぶとされる。

このようなエンクロージャーの進行とともに、これらの囲い込まれた農地内に住居を移す動向も広がり、ホームステッドが成立することとなった。集村自体はその後も存続していることが多く、全体としての集落形態を散村とはいえないが、農地を周囲に附属した、大きな農家が集村とは別に点在することとなった。

新大陸の土地計画と散村

北米東北部のニューイングランドでは、イギリス人の入植が始まったのは一六二〇年であった。もともと母国において、前項で触れたように、村落単位を意味したタウンシップが、入植の際のグループ単位の呼称となった。タウンシップの領域変化の経過を詳しく述べたことがある（金田『タウンシップ―土地計画の伝播と変容―』）ので、ここでは省略するが、タウンシップはやがて、入植予定地に設定された六マイル（約九・七キロメートル）四方の領域を意味するようになった。

独立してアメリカ合衆国となった翌年の一七八五年には、ウェスターンランド（後のオハイオ州）を対象とした新たな土地法が成立した。これに従ってオハイオ川西岸において、タウンシップの列（レンジ）が七列からなる「セブンレンジズ」が設定された。各タウンシップは一マイル四方（六四〇エーカー、一六〇九メートル四方）の区画からなる三六区画に細分され、それぞれがセクションと呼ばれた。

セブンレンジズのほか、この地域には、コネティカット西部保留地、合衆国陸軍保留地、ヴァージニア陸軍恩給地、オハイオ会社購入地、シムズ購入地など、いくつもの保留地や、割譲ないし販売の個別単位があり（図1－2参照）、相互の区画線にずれを生じている場合もあった。しかも、退役軍人への恩給地一〇〇エーカー単位の土地配分に便利だとして、五マイル四方のタウンシップが設定されたり、販売の便宜のためにセクションを四等分した区画（クオーター）も設定されたりした。

一八〇三年、マンスフィールドが測量長官となると、天体観測を含む新たな測量技術を適用し、正確な測量に基づく正しい経線と緯線の析出に成功した。マンスフィールドは、州境の経緯線や、タウンシップ境界線の基準となる「プリンシパル・メリディアン（主経線）」と、「ベースライン（東西基線）」の設定を始めた。「公有地測量」と呼ばれたこの土地計画の策定によって、アメリカ合衆国全体に三一の主経線が設定され、タウンシップ・システムの区画が三〇州をカバーすることとなった。

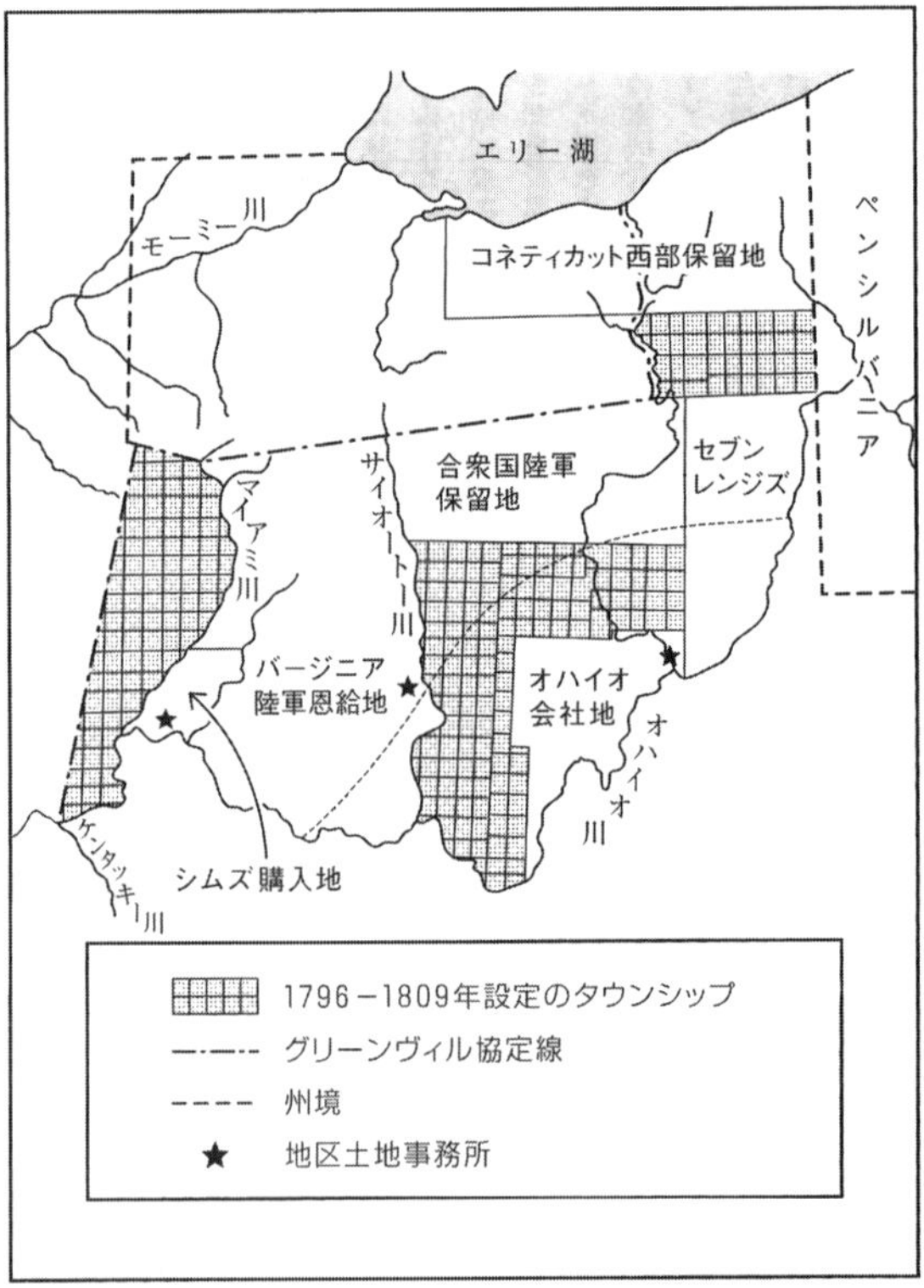

図1-2　ウェスターンランドのさまざまな土地計画
（金田、2015年）

　これに加えて、アメリカ合衆国において、入植者増とその定着を図り、さらに増加させるために、とりわけ大きな役割を演じたのは、一八四一年の「先買権法」や、一八六二年の「ホームステッド

(homestead) 法（自営農地法）」であった。いずれも、小規模自営農層の形成に向けて、次のような便宜を図った。

先買権法では、アメリカに定住する予定の二一歳以上の人物が、販売予定の土地に一四か月以上の居住実績があれば、その土地を優先して購入することができるとした。

自営農地法ではさらに条件が緩和され、一六〇エーカー（クォーター、約六四ヘクタール）を入植者に無償で払い下げるというものであった。条件は二一歳以上であること、五年間以上の農業の経験があること、入植した土地に一五平方メートルほど以上の家を建てること、といった三点のみであった。

これらの政策によって、アメリカ中西部以西の広範囲にわたってホームステッドが成立し、散村が出現した。

北米に遅れて英領植民地の成立が進んだオーストラリアでは、北米の英領植民地や独立したアメリカ合衆国における、いくつかの段階のタウンシップの状況、およびイギリス政府の方針などに左右されて、各植民地によって土地計画は多様であった。しかしいずれの植民地でも入植・開拓とともに、いろいろな規模の下付地や購入地に居住地を構えて開拓を進めたので、さまざまな分布状況からなる散村が成立した（金田『オーストラリア歴史地理』）。

例えば、一八三七年に測量が始まった南オーストラリアでは、八〇ないし一三四エーカー単位で入植が始まったが、降水量の少ない内陸へと開拓が広がるとともに面積が拡大し、一八九〇年ごろからは過半が一〇〇〇エーカー以上であった。基本的に農家がそれぞれの区画に存在し、羊を中心とした家畜飼養と穀物栽培が中心の営農であった。

　このほか条件が適した土地ではワイナリー地帯なども成立したが、その場合でも、それぞれがブドウ園に囲まれて、離れて分布しているのが普通である（写真1－1参照）。

北海道の開拓と散村

　日本では、北海道の開拓が、オーストラリアよりさらに遅れて、一九世紀末に入ってから本格的に始まった。

　明治二九年（一八九六）の「殖民地選定及び区画施設規程」（以下、この規程については「殖」の文字を用いる）によって、次のように「小区画、中区画、大区画」からなる三段階の入植区画が規定された。

　小区画は間口一〇〇間（約一八〇メートル）、奥行き一五〇間、面積一万五〇〇〇坪（五町、約五ヘクタール）、中区画は方三〇〇間（小区画六個分、約五四〇メートル四方）、面積九万坪（約三〇ヘクタール）、大区画は方九〇〇間（中区画九個分、一六二〇メートル四方）、面積八一万坪（約二六七ヘクタール）からなっていた。

　このうちの小区画が一戸分の農地（五町）であった。この面積規模は武蔵野台地の三富新田の一戸

写真1-1　西オーストラリアのワイナリー

当たりの入植面積に等しく、同じく畑地開拓の入植地として、それが前例となった可能性がある。

このような殖民地区画が定められる過程において、入植に先立って小区画・中区画の規模からなる入植計画が策定されたのは、石狩川流域のトック原野（現・樺戸郡新十津川町）であった。開拓農家は各小区画に住居を構えたために、結果的に散村となった（金田『景観から読む日本の歴史』）。「はじめに」で述べたような景観が出現した由来である。

以後、北海道各地でこの小区画・中区画が展開することとなった。ただし、方位の統一はなされず、先行した道路や地形などに従ってさまざまな方位の方格であった。

また、中区画を画する東西の道路には南一線・南二線等、南北の道路には東一号・東二号等といった名称が付されたが、大区画が実際の土地区画の単位となることはほとんどなかった。

なお先に述べたように、タウンシップのセクションを四等分したクオーターの規模は、北海道の殖民地区画の小区画と比べると約一三倍の規模となる。従ってアメリカ合衆国の自営農地法と北海道の殖民地区画の規定では、散村の農家の分布密度もまた、北海道がアメリカ中西部の一三倍という高密度となる。なお、オーストラリアの散村地帯の分布密度については、あらためて第3章で取り上げたい。

北海道の散村における農家の分布密度は、日本では相対的に低く、農家の分布はまばらである。「はじめに」で述べたように、ずいぶんまばらで分布密度が低いと感じる人も多いと思われるが、それでも、北米やオーストラリアに比べると密度がきわめて高いことになる。

2　散村の屋敷林

築地松と防風

ヨーロッパの散村には、農家自体に伴っているわけではないが、散村地帯に列状の林が残され、放牧などの境界となっている場合があった。日本でも後に紹介するような類似の例があるが、農家そのものが屋敷林に取り囲まれている場合があり、その典型的な例の一つが出雲平野である。

出雲平野あるいは斐川平野とも呼ばれる平野は、島根県の宍道湖《しんじこ》と日本海に挟まれたところに広がっている。北側を東西に延びる島根半島と、南側の山地との間に、中国山地（仁多郡奥出雲町付近）から流れ出た斐伊川の堆積によって形成された低平な三角州平野である。中国山地では、真砂土の山を崩して砂鉄を採取するたたら製鉄が盛んであった。その結果、河川への土砂の流入が多く、斐伊川も堆積力が大きい川であった。

斐伊川はもともと、谷口から西へ向かい（ほぼ神門川のルート）、日本海岸の潟湖《せきこ》であった神門水海《かんどのみずうみ》（『出雲風土記』、現在、神西湖《じんざいこ》として一部が残存）に注いでいた。川は潟湖を経て日本海につながっていたが、海岸には砂丘が発達していて、洪水の際などには周辺に水面が拡大した。

寛永一二年（一六三五）には大洪水が発生し、その後、河道を付け替えて、谷口から北へ、ついで東へと向かうルートへと変えられ、斐伊川は宍道湖へ流入することとなった。現在の河道はこの付け替えの結果であり、人工的な堤防に両岸を固定されているが、河床が周囲の平地より高い天井川となっている。

この出雲平野の北西部には出雲大社があり、宍道湖の東北岸には県庁所在都市松江がある。宍道湖西畔には出雲空港があるので、空港に降り立って出雲大社や松江を訪れようとした人々は、出雲大社や松江に向かう途中の農家に見られる、周囲を囲む大きな垣根のように刈り込んだ松林に驚かされる。築地松《ついじまつ》と呼ばれ、庭園ないし垣根のように手入れされているものの、屋敷林の一種とみられる。築地松はかつて三〇〇〇戸以上にあったというが、平成一一年には二二〇一戸、令和二年には一二八四戸に減少した。

築地松のある農家は散在しているので、集落形態は散村といってよい。ただし農家の分布が、比較的多い部分と、ほとんどない部分が混在している。さらによく見ると、散村であることは変わりないが、各農家の分布範囲が全体として塊状のグループになっているところや、帯状になっている部分があるように見える。

低平な三角州からなる出雲平野において、少しでも洪水堆積物が多く、小規模な洪水であれば水害を避けられる可能性のある、わずかな微高地に農家が分布しているためであろう。

これらの微高地を典型的な自然堤防と比べると、同じように扱うには低平すぎるが、これに類似した地形条件とみられる。この点は、個々の農家の敷地状況を見ると明確に確認することができる。多くの農家はわずかな微高地上の立地に加えて、盛土によって屋敷地を、周囲から数十センチから一メートル余であるが、高くしているのである。わずかな微高地を選び、さらに敷地の盛土をするとは、洪水対策であることは間違いない。

写真1－2は、典型的な築地松のある農家を東側から見た例である。しかし、この東側からの写真では農家の建物群が見えて、東側と南側には背の高い築地松は見られない。築地松のない東側や南側には、庭園や付属建物があることが多い。

ところが屋敷内に入ると、写真1－3のように、屋敷の西側と北側にはクロマツが、あたかも河川の堤防の両脇のように一列に植えられている。クロマツは根が深いので、屋敷の盛土の土留めの役割も果たしたものであろう。この点では微高地上の立地や盛土といった洪水対策とも一体となった状況である。

さらに松の状況を見ると、家屋側の枝がすべて取り払われている。写真1－3のように枝の間から外が透けて見えるほどに剪定されている。屋敷外の西北側からこの築地松を見たのが写真1－4であり、確かに屋敷内の建物が垣間見えるほ

写真 1-2　築地松と農家（東側から）

写真 1-3　一列の築地松

ど刈り込まれている。

屋敷の西側と北側に設えられた築地松は、日本海側からの季節風を防ぐ役割を持つ。しかし防風とはいえ、風を一〇〇パーセント遮るのではなく、半分ほど和らげばよいとされている。そのため、クロマツは一列であるだけでなく、建物側の枝を除き、さらに枝葉を空いて、強風の際であってもクロマツ自体が倒れないように配慮するという。外からは築地松が透けるように見えるのも、この配慮の結果である。

このような剪定作業は陰手刈《のうてご》りと呼ばれ、四〜五年に一回、クロマツの休眠期間である一〇月から翌年の三月にかけて行われている。それ以下の間隔では新芽が多くなって葉の密度が高くなり過ぎ、それ以上では幹付近から新芽が出にくくなるという。

写真1-4　築地松と農家（西側から）

それにしても剪定には、樹上の高所の作業が含まれ、熟練した職人の手に頼らねばならない。このために毎年、陰手刈り職人の後継者育成のため、現役の職人を講師とした技術研修会を開いている。かつては梯子などによる伝統的作業であったが、現在では高所作業用の重機が使用されている。

築地松のある農家の分布には地形条件が関わり、築地松には盛土の土留めと防風が関わっていたことになる。

エグネの杉林

東北新幹線水沢江刺駅から西へ向かい、奥州市水沢市街を経て北上川を渡ると胆沢《いさわ》扇状地となる。東西約二〇キロメートルに及ぶ緩傾斜の大扇状地であり、扇状地を形成した胆沢川は北上川へと西から流入する支流である。西端の胆沢川谷口の扇頂部が標高約二五〇メートル、東端の扇端部が約三〇～四〇メートルである。全体が隆起して段丘化した様相が知られ、段丘は南側が高く、北へ向かって低くなる。一首坂段丘（上）、胆沢段丘（中）、水沢段丘（下）の三段の段丘面に大きく分類されている。

胆沢扇状地には農家が点在し、散村の形態となっている。段丘化していることもあって、用水の開削が開拓の契機となったことが知られている。池田雅美によれば、中世末期から近世初期に三堰、茂井羅

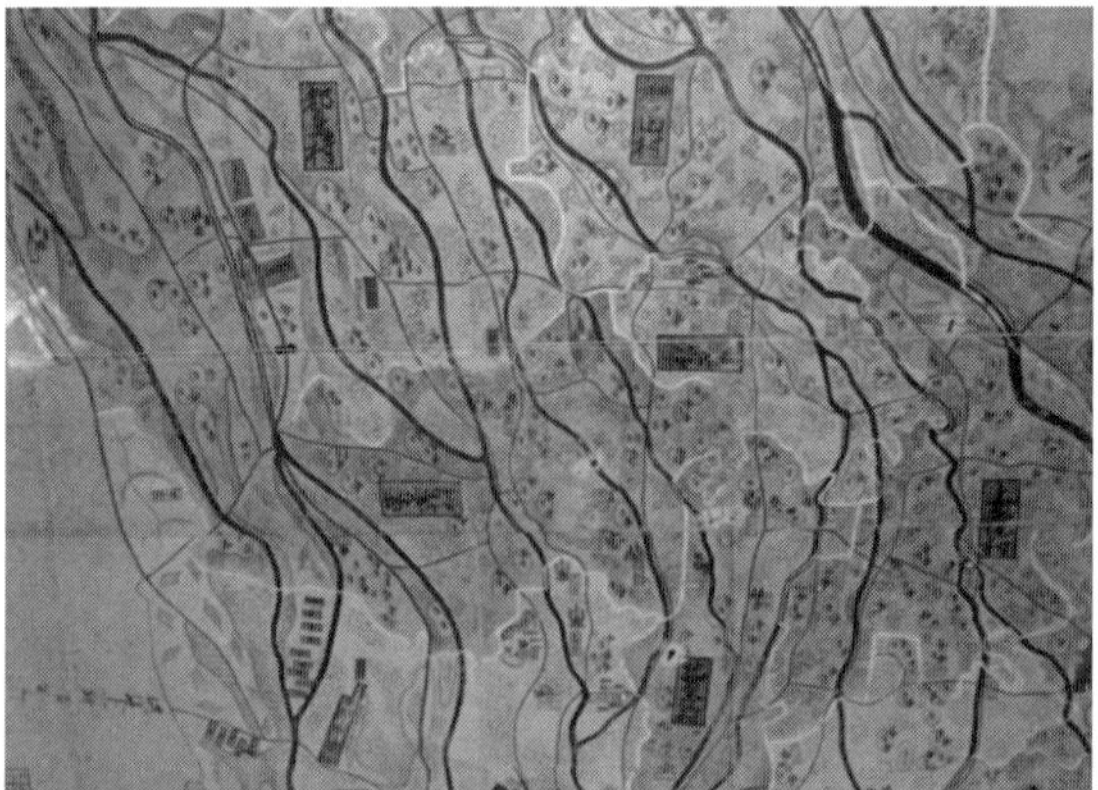

写真 1-5　胆沢扇状地の農家分布（近世の絵図、奥州市胆沢郷土資料館蔵）

堰、寿庵堰などが順に築かれて水沢段丘、胆沢段丘の開拓が進んだという。

近世の絵図には、用水路沿いに点々と築かれた農家の位置が描かれており（写真1－5参照）、それらの農家が周辺の耕地を開拓・経営したものであろう。大きな農家には長屋門を伴うものもあった。かつては雇用された人々の住まいであり、その後は物置や作業場として使用された。

このような胆沢扇状地の散村の農家は屋敷林を伴っていることが多い。しかもその屋敷林が、出雲平野における一列の薄い築地松と異なって、幅の広い、あるいは平地林の広がりのように見える杉林の場合が多い。この屋敷林は「エグネ」あるいは「イグネ」と呼ばれ、近世には「居久根・居く祢」などと表現されていたという。杉の植林を推奨していた仙台藩ではエグネを、屋敷に続く「居久根山」と、田地に続く「地付山」に区分していた（「文政三年分諸御用御触定留」『日本林制史資料　仙台藩』）。

エグネは外から見ても杉中心の林であることが容易にわかるが、写真1－6（奥州市若柳、エグネのある屋敷の東側から）のように屋敷の周囲全体を囲んではいない。エグネはまず、寒冷な冬の季節風が吹き下ろす西側・北側を中心に覆い、この屋敷では東側と南側にあるのは庭園樹程度である。

エグネ内の外縁には、外から見ると塀のように見える、やや低く細長い施設が存在する場合がある。キヅマと呼ばれる、薪を積んで貯蔵した伝統的な方法であり、時にキズマには、簡易な屋根が載せられる。薪の使用が著しく減少した現在でも、キズマは大切に維持されていることが多い。キズマは薪の貯蔵方法であるだけでなく、防風の役割も果たしていたという。

写真1－6の屋敷の場合、エグネの中に入ると、写真1－7のように奥深く、まさしく手入れされ

た杉の平地林であることが知られる。先の仙台藩の表現では「居久根山」に相当する。エグネの杉は建築用材に使用され、間伐材や枝葉・下草もまた、もともとは重要な燃料でもあった。

現在、胆沢扇状地に存在するエグネには、前掲の写真の場合ほど幅（林帯）が広く大規模なものは必ずしも多くないが、小規模な場合でも杉が主体である。このような場合でも、西北側を中心に存在し、防風（防雪も）機能が優先されていたとみられる。

エグネの防風機能自体は築地松と共通するが、樹種（杉か、松か）や形状（広い林帯か、一列の樹列か）と、その管理状況は大きく異なっている。エグネ管理は間伐などの人工林維持であり、築地松は枝の剪定（陰手刈り）まで行う。

次に、さらに異なった散村の場合をみておきたい。

屋敷林のない散村

瀬戸内海に臨む香川県の高松平野も、散村が展開することでよく知られている。散村の起源は不明であるが、高松平野の開発は古い。八世紀中ごろに完成した条里プランに由来する碁盤目の土

写真1-6　胆沢扇状地のエグネと農家（東側から）

写真1-7　胆沢扇状地のエグネの内部（北側）

地区画（条里地割）が平野のほぼ全域に展開する。降水量が比較的少ない瀬戸内式気候であるために、水田の灌漑用水を確保する溜池《ためいけ》が多いことでも知られる。

高松平野は典型的な散村地帯というよりも、むしろ散村と小村などが混在した農村地帯であったと表現する方が実状に近い（写真1－8参照）。散村の形状を呈する分布の農家であっても、出雲平野や胆沢扇状地のいずれのパターンの防風林をも有していない。確かに瀬戸内の高松平野では、防風の機能が必要となるような季節風に悩まされることはないのであろう。

静岡県の大井川扇状地もまた、散村が分布するとして知られているが、典型的な散村ではないと指摘されている。谷岡武夫は、かなり密集度の高い、「散居集落」もしくはルーズな疎集村と表現している。

扇状地上における河川の乱流地域では、「洪水から比較的に安全な微高地を占拠し、在家をリーダーとして数戸ずつの同族集団をつくり、小村もしくは小疎集村形態をとる」とされる。個々の農家は、扇状地上の上流域から下流域へとほぼ列状に断続している、とみられている。

この中には、「入船式屋敷」もしくは「三角屋敷」と称され

写真 1-8　高松平野琴平町付近の農家分布（国土地理院、2009 年）

る屋敷が存在するのが特徴の一つである。上流の西北西へ鋭角を向ける三角状を呈し、鋭角部にマキ、マツ、竹などが植えられ、中には堤防によって縁どられているものもあることが報告されている（谷岡『歴史地理学』）。これらは屋敷林とみることができるが、防風林ではなく防水の土留めの機能を担ったことになる。大井川扇状地もまた、防風の機能が必要となるような季節風に悩まされることがない点では高松平野に類似する。

ところが屋敷林はないものの、別の形の防風林を備えている場合がある。写真1-9は、北海道十勝平野の空中写真である。この地域の開拓は、先に述べた「殖民地選定及び区画施設規程」による殖民地区画の設定によって、明治三〇年代から進行した。この写真に見えるように、点在する個々の農家は屋敷林を備えていないが、殖民地区画の方位に沿った直線状の長大な防風林を伴っている。

しかも同写真では、小区画の境界付近にも、林帯がやや狭く、直線ではあるが相対

写真1-9　十勝平野音更町付近の防風林（国土地理院、2016年）

的に短い防風林が並行する様子が見られる。一方、これとは異なって林帯が広く、また長い直線状の防風林もある。しかも、この林帯が広い防風林は直交する方向にも伸びている。

殖民地区画の規程には、防風林を「一八〇〇間（三二四〇メートル）毎」に設定すると規定しているので、当時すでに防風林の必要性が認識されていた。この規程に従って防風林が存在したとすれば、それは右の間隔となる。前節で説明した殖民地区画の大区画二つ分程度の間隔である。

しかし同写真の防風林は、確かに殖民地区画の方向に沿っているが、必ずしもこの規程どおりの間隔ではない。この防風林の間隔の規程は、後に一二〇〇間（二一六〇メートル、中区画四個分）ごとに変更された。現在の防風林にはそれらの混在や、実際の開拓に伴う変化も加わっているであろう。現在の十勝平野では、それらよりはるかに多く、また目立つのが小区画の長辺ごとの狭い林帯からなる防風林である。

いずれにしろ十勝平野では、西方の日高山地から吹き降ろす冷たい風に対し、防風林が必要である。防風林は、林帯の風下側において、樹高の二〇〜三〇倍の範囲で保温効果があるという。樹種は原生のカシワを中心としたものをはじめ、カラマツ・シラカバの植林によって造成したものが多い。北海道に展開する散村地帯を特徴づけるのは、このような直線状の防風林である。

直線状の防風林が多い点では、北海道東端付近の中標津《なかしべつ》一帯でも状況は類似している。ただし、広い林帯の防風林が直交しており、「格子状防風林」と呼ばれている。確かに格子状ではあるが、格子は正方形ではない部分が多い。ここでは、ヤチダモ、カラマツ、カシワ、ミズナラ、イタヤカエデなどが植樹されたという。やはり小区画の農地境界の防風林が目立つ。

写真１－10は中標津市街の北西方であるが、殖民地区画の中区画が展開する一帯である。やや不規則ではあるが殖民地区画の方向に格子状の防風林がある。林帯の幅は広く、一〇〇メートル強に及び、東北－西南方向の林帯間の幅は一一〇〇メートル余り（中区画二つ分ほど）である。

写真 1-10　中標津の方格状防風林（中標津町文化的景観検討委員会、2006 年）

格子状である点が十勝平野と異なるが、大区画・中区画の境界ではなく、小区画に由来する農地などの境界である点は類似する。

中標津における散村の農家は、これらの防風林に接していたり、敷地の一方に短い防風林を伴っていたりする。農地のみならず農家もまた、十勝平野に比べて、防風・保温の必要性が高いのであろう。

屋敷林化した自然林

広大な関東平野の場合は、約一万年前以来の完新世（沖積世とも）に大河川によって堆積した平坦な平野と、それ以前の更新世（洪積世とも）に堆積し、完新世に削り残された台地によって構成されている。台地には堆積が古くやや高い台地面もあれば、低い面もある。いずれも浸食によってできた浅い谷が刻まれ、全体的に、台地面と浅い谷が入り混じって分布しているのが普通である。

場所によって谷が広く台地が狭かったり、谷が狭く台地が広かったりしてさまざまである。農村地帯であれば基本的に谷底部分は開墾されて水田となり、台地上にはもともとのカシ・ケヤキ・スギなどの平地林であった林が所々に残されている場合が多い。

房総半島の平野部は基本的に、残された更新世の低い台地（洪積台地）と、完新世の堆積平野（沖積平野）からなっている。古くからの農家は、わずか数十センチメートル程度の低い段差の台地端の一画に存在することが多い。二〜三軒の農家からなる小村や、七〜八軒ないし一〇軒程度がルーズな塊となった疎塊村の形状になっている場合もあるが、農家の母屋の方から見ると、林や水田を介してやや孤立して存在するように見える場合もある。一軒だけ見ると散村の一部と類似しているような状況である。

これらの古くからの農家は、農家の背後に台地上の林が続いている場合が多い。林がそれほど大きくない場合であると、周囲に屋敷林を伴っているかに見える場合も少なくない。例えば房総半島東側の平野部などでは、きわめて低く、また狭い台地が点在するので、特にその傾向が強い。

写真1－11はこの地域の典型的な旧家の例（千葉県大網白里市南横川）であり、大きな農家の背後に屋敷林が存在するかに見える。しかしこの写真では、樹冠が丸く広がって見える広葉樹が多く、林全

体の林冠も同様である。杉などの人工造林による均一の樹種ではない。ほとんどの場合、台地上の自然林が有した、カシ・ケヤキなどの広葉樹を主体にし、一部にスギなどの針葉樹が混在した構成の林相が基本となっている。散村地帯ではないが、農家背後の平地林をまさしく里山のようにして、燃料・敷草などの採取地として利用してきた経過を反映しているものであろう。

ただしこのような場合であっても、旧家の前庭は写真1－12のように造園のための手が加えられていることが多い。植栽された観賞用の庭木が刈り込まれた様子は、背後の自然林のように見える林地と好対照である。

関東平野の屋敷林のパターンについて、不破正仁は、明治期の銅版画集には八類型の樹木構成パターンが見られるとした。「(A)屋敷背後林、(B)大木と祠、(C)生垣、(D)面状樹木、(E)鑑賞空間、(F)屋敷畑、(G)植栽棚、(H)象徴としてのソテツ」である。

さらに不破は、関東平野北部(栃木県都賀地域)にはこのA・B・Dの類型が見られ、Aは「スギを主要樹種とした屋敷背後林を有し、同時にケヤキの大木を稲荷の傍に配するもので、シラカシの面状樹林も配置されるもの」という。

房総半島南東部(千葉県夷隅地域)ではC・Hの類型が見られ、

写真 1-11　大網白里市南横川の屋敷林

「敷地の三方以上を囲う背の高い生垣を設け（構成樹種はイヌマキ）、時に屋敷内の象徴としてソテツを有し、常緑広葉樹（シイ・ニッケイ）のような暖地に自生する樹木に加え、高木のマツも屋敷背後林として保有しているもの」が原形とする。ただし、マツは現存していないという。

写真1─12は房総平野東南部の例に近いが、屋敷背後林は遥かに深く（厚く）、また自然林の構成に近い。この地域一帯では、一見してこのように、自然林とも屋敷林とも見える農家背後の林地を、単に「ヤマ（山）」と呼んでいる。低い台地上ではあるが、自然林が残されてきたという経緯を反映している呼び方であろう。このような屋敷背後林を、屋敷林化した、あるいは屋敷林のように見える自然林、とでも表現することができよう。

写真1-12　大網白里市南横川の屋敷林と前庭

◎主要参考文献

小川琢治『人文地理学研究』古今書院、一九二八年

農林省編『日本林政史資料　仙台藩』朝陽会、一九三二年

ブロック、マルク（河野健二・飯沼二郎訳）『フランス農村史の基本性格』創文社、一九五九年

池田雅美「胆沢扇状地における開拓過程の歴史地理学的研究」『人文地理』一八-一、一九六六年
谷岡武雄『フランスの農村』古今書院、一九六六年
浮田典良『北西ドイツ農村の歴史地理学的研究』大明堂、一九七〇年
水津一朗『ヨーロッパ村落研究』地人書房、一九七六年
Brian K. Roberts, *Rural Settlement in Britain*, Dawson, Archon Books, 1977
高倉新一郎『北海道拓殖史』柏葉書院、一九七九年
谷岡武雄『歴史地理学』古今書院、一九七九年
林正久・川上道江「出雲平野における築地松分布と卓越風向」『地理科学』三四、一九八〇年
金田章裕『オーストラリア歴史地理―都市と農地の方格プラン―』地人書房、一九八五年
金田章裕『オーストラリア景観史』大明堂、一九九八年
中標津町文化的景観検討委員会編・刊『「中標津の格子状防風林」保存・活用事業報告書』二〇〇六年
有岡利幸『杉Ⅱ』法政大学出版会、二〇一〇年
不破正仁「屋敷林の樹木構成パターンとその保全実態」『砺波散村地域研究所研究紀要』二八、二〇一一年
金田章裕『タウンシップ―土地計画の伝播と変容―』ナカニシヤ出版、二〇一五年
金田章裕『景観から読む日本の歴史』岩波書店、二〇二〇年

2 古代・中世の砺波平野

1 古代荘園と開拓

2 中世の屋敷分布

1　古代荘園と開拓

砺波平野の構成

日本海に続く富山湾沿岸には、全体として富山平野と呼ばれる平野が広がる。その中央部分には、呉羽《くれは》丘陵が北へと突出して、平野を東西に分断している。湾岸に広がる射水《いみず》平野とその南側の砺波平野とは、呉羽丘陵の西側の部分であり、砺波平野は典型的な散村が展開する地域である。まず砺波平野の構成を概観しておきたい。

砺波平野は、飛騨山地から流下する庄川と小矢部川の堆積によってできた平野である。小矢部川の下流域ではむしろ開析作用が進み河床が低いが、これに比べて庄川の堆積作用は大きかった。

砺波平野は、西部を医王山から石動山へと続く山地とその麓に展開する更新世段丘《こうしんせいだんきゅう》（洪積台地ともいう）に、東を庄東山地の西麓から北へ延びる芹谷野段丘に限られている。南側には高清水《たかしょうず》山地が東北−西南方向に伸びており、この山地から流下する小河川によって山麓に形成された、小さな扇状地群が連続している（図2−1参照）。

砺波平野の中央部付近から周囲を見れば、東部は庄東山地と芹谷野台地に限られ、その西麓近くに庄川が流れている。西部には小矢部川が流れており、小矢部川左岸には南から医王山山地と、それに続く蟹谷《かんだに》・砺波山・宝達《ほうだつ》丘陵が、北へ延びている。平野南部には低位段丘面が広がり、その南の高清

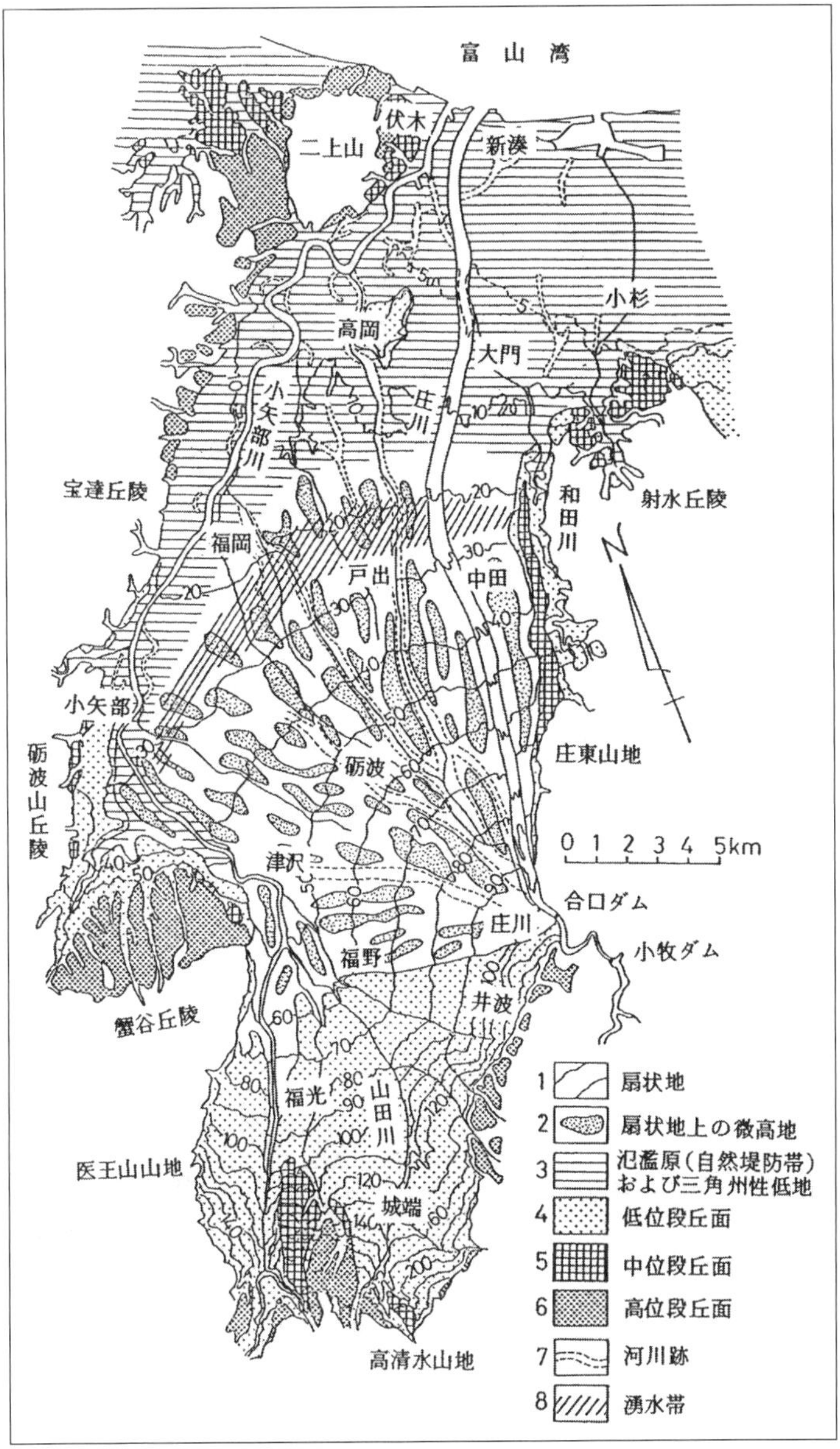

図 2-1　砺波平野の地形概要（神嶋利夫、1990 年）

水山地の山麓には、山地から流下する小河川による、いくつもの小扇状地群が展開する。北部は射水平野に続いて富山湾に臨み、庄川・小矢部川もまた富山湾に注いでいる。

これらの段丘あるいは山地に東西と南を区切られた平野中央部の大半は、庄川の洪水によってつくられた広大な扇状地である。

庄川扇状地は、砺波平野東南隅の庄川谷口が扇頂であり、標高約一〇〇メートルである。山地から平野に出た庄川は、現在ほぼ北北東方向に向けて流下し、富山湾に注ぐ。扇状地は、扇頂から扇端にかけて半径一四〜一五キロメートルほどであり、その平面形は、扇頂を中心に約四五度に広がった扇形である。扇端の標高は約二〇メートル付近である。庄川扇状地は規模が大きく、また緩やかな傾斜をなし、緩傾斜の大扇状地と表現できよう。

平野東部を北へと流れる庄川の現河道は、天正一三年（一五八五）一一月の地震によって庄川峡谷部（現・小牧発電所下流の赤岩付近）に山崩れが発生して谷をせき止め、やがてそれが崩壊した際の洪水によって出現した。

加賀藩は、庄川新河道の河床の掘り下げと、後に「松川除《まつかわよけ》」と呼ばれる堤防（「川除」）を構築し、新しい河道への流路の固定を図った。その背景には、旧庄川河道であった千保川下流にあたる高岡市街南部（現在地）に造営した、藩主の菩提寺である瑞龍寺への洪水を恐れたことがあったとされる。この新河道固定の工事については、次章であらためて述べたい。

庄川の流路変更については、天正一三年の地震以後における、庄川河道の変遷による石高の変化を表現した絵図が残されている。砺波郡太田村（現・砺波市太田）における、流路変化に伴う田の増減を表現したものである。太田村は現在の庄川左岸に位置する集村である。東を現庄川河道に、西をそれ以前の庄川河道であった千保川にはさまれていた。この「太田村先年川崩御検地引高絵図」（砺波市太田公民館蔵）では、図2－2のように集落東側の田が新しい庄川河道によって削られて減少したことが記され、逆に西側の千保川の旧河川敷であったところに新開の田地が加わっているので、この時期の変化がよく知られる。

新しい庄川河道による浸食の結

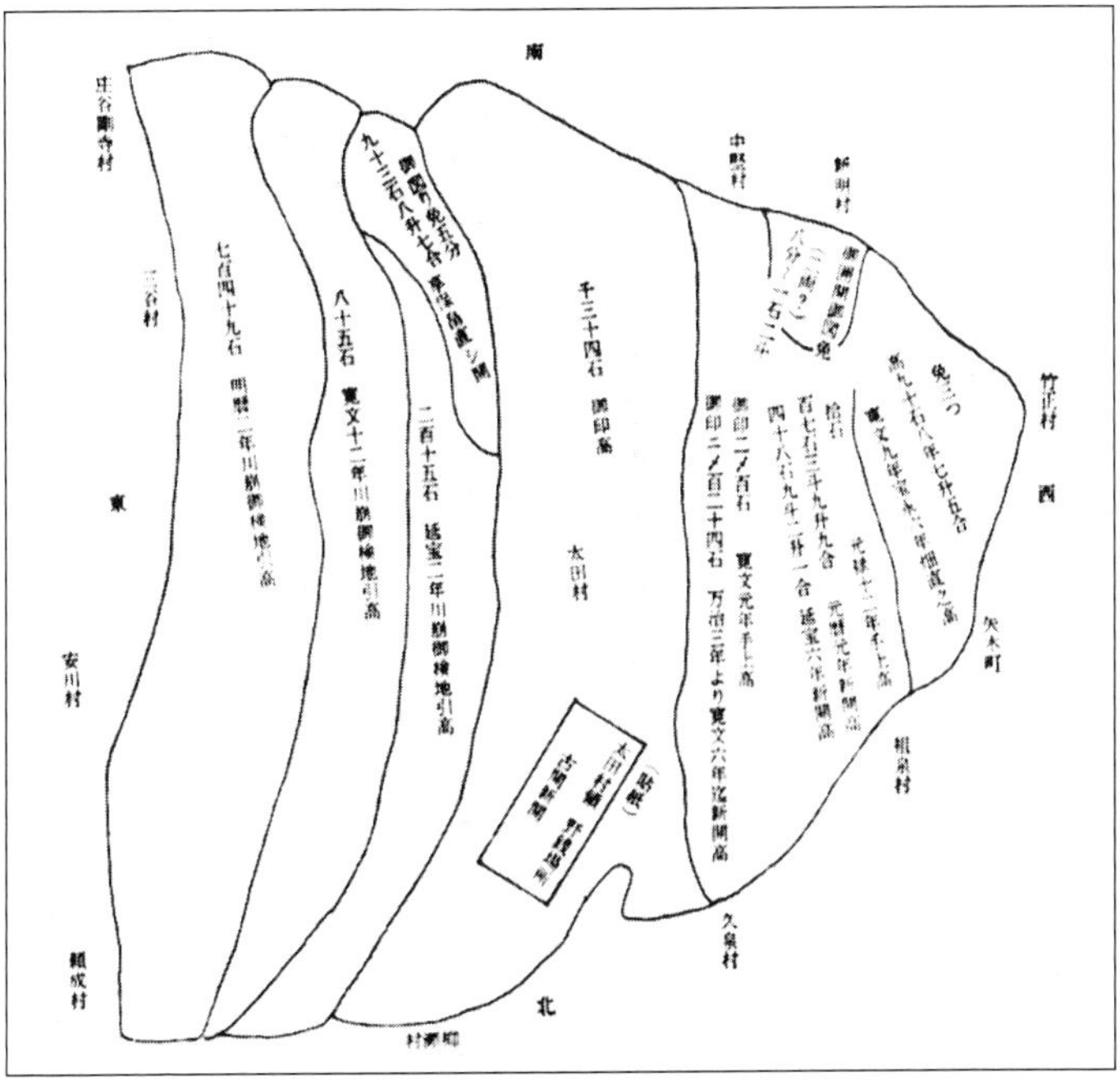

図2-2　大田村先年川崩御検地引高絵図（砺波市太田公民館蔵）の記載

果、同図中に記載された東側の「川崩御検地引高」は、明暦二年（一六五六）に七四九石、寛文一二年（一六七二）に八五石、延宝二年（一六七四）に二一五石であった。これに対して水量が減少した西側の千保川旧河川敷の開拓による「新開高」は、万治三年（一六六〇）から寛文六年（一六六六）にかけて一二四石余、延宝六年（一六七八）に四八石余、宝暦元年（一七五一）に一〇七石余、などであった。

つまり、庄川の新河道によって河川敷となった部分において計一〇四九石が検地高から除かれ、一方で庄川の旧河道部分であった千保川跡に、計二七九石余が加えられたのである。

このように庄川が新河道に移った結果、千保川跡は旧河道となったが、扇状地上にはほかにも庄川の旧河道が存在する。これらの旧河道は、扇頂部から見て放射状に広がっている。西北から北に向けて順に、野尻川跡、中村川跡、新又川《あらまた》跡、そして千保《せんぼ》川跡である。相対的に最も新しく旧河道となった千保川跡は、とりわけ明瞭な形状で痕跡をたどることができる（図2-1及び図3-1参照）。

これらの各旧河道の先端付近に相当する扇端からは、宮川、岸度《がんど》川、新又川、祖父川、千保川などが流れ出ており、いずれも小矢部川に注ぎ、最終的に富山湾へ流入している。

これらの旧河道は、いずれかの時期に庄川の主流であり、洪水の度ごとに土砂や礫の堆積を繰り返したとみられる。堤防がなかった段階では、洪水の際には他の旧河道へも濁流が押し寄せて堆積を繰り返し、扇状地を形成するというのが一般的状況であった。

その結果扇央部では、後にあらためて述べるように全体に礫が厚く堆積し、その上の耕土となる表土はきわめて薄い状況であった。

古代の砺波平野

古代の行政単位では、砺波平野の大半が越中国砺波郡であり、その北側が同射水郡であった。国府は、小矢部川河口付近の台地上（高岡市伏木、旧・射水郡）に所在し、『万葉集』の編者とされる大伴家持が越中守《かみ》として、八世紀に在任していたことで知られる。

砺波郡の郡家《ぐんげ》は、小矢部市道林寺遺跡付近であったと考えられている。「郡」と記された墨書土器の出土地である。同遺跡は庄川扇状地と小矢部川を挟んだ西岸であり、砺波平野全体からしても西端に相当する。

『和名抄』には、砺波郡に「川上、八田、川合、拝師、長岡、大岡、高楊、陽知（東急本「陽如」）、三野、意悲、大野、小野」の計一二郷が所在したと記されている。

この内の川上郷については、和銅三年（七一〇）の日付の木簡に「越中国利波郡川上里」として記されており、郷以前の里制の段階ですでに存在していたことが知られる。同郷はまた、延喜一〇年（九一〇）ごろの越中国官倉納穀交替帳（『平安遺文』第一巻、二〇四）に記されている「川上村」とも関わる。

同交替帳に見える「意斐村」もまた、意悲郷と関わるものであろう。この文書は前後が欠損しているが、残存部分には、川上村の九棟の板倉、および一八棟の倉・屋、ならびに意斐村の一七棟の板倉、および九棟の倉・屋等について記載している。これらの「村」は、律令の下での正式な行政単位ではなかったが、明らかにこれらの倉屋群の所在地を示す呼称であり、管理単位でもあったものと推定される。このように村は、何らかの領域を表現する実質的な単位として存在したものであり、次項で述べる東大寺領荘園を指す呼称でもあった。

これより時期は下る文書であるが、大治五年（一一三〇）の東大寺諸荘文書幷絵図等目録（『富山県史　史料編1　古代』）に次のような神護景雲三年（七六七）の文書が所在した記載がある。

井山庄
一通、神護景雲三年三月廿八日　礪波郡司売買券文
　四至　東岡　南蝮部千対地　西小長谷部若麻呂墾田幷伊波田王墾田
　　北即寺地　大野郷井山村百廿町

この券文には、「大野郷井山村」と記載していることにまず留意したい。郷の下位に記された村名は、郷内における村の所在ないし荘園の領域を示しているものであろう。井山村は大野郷の中にあったことになろう。東大寺領の荘園は「庄」とも「村」とも称されていた。右に述べた川上村、意斐村も類似の単位であった可能性が高い。同券文に、「北即寺地」とされた寺地とは東大寺領「伊加流伎（伊加留岐村）」であり、伊加流伎図には「利波臣志留志地」と「井山庄」の寄進者の所在地を記している。さらに次項に述べる東大寺領越中国砺波郡井山村墾田地図の図中に、「小井郷戸主蝮部三□戸

治田二段百廿歩」との記入があって、「小井（意悲（斐））」郷の戸主「𧏛部」某の墾田が近くにあったことを記している。この「𧏛部《たじひべ》」某は、「井山庄」の券文に見える「𧏛部千対」とともに砺波郡司を務める有力豪族の一族である。

また『万葉集』には、同族の別の人物も登場する。当時の越中守であった大伴家持が「墾田地」を検察し、「砺波郡主帳（四等官中四位の郡司）多治比部《たじひべ》（𧏛部）北里の家」に宿したと記して、次の歌を載せている。

やぶなみ（原文、夜夫奈美）の里に宿かり春雨に、隠《こも》り障《はば》むと妹に告げつや

「やぶなみ」に砺波郡司の一人が「家」を構えており、そこに家持が宿泊したことが知られるが、どのような屋敷かは不明である。ただし家持が砺波郡の墾田地を検察した折であるから、越中守在任の時期からして、それが東大寺領であった可能性はきわめて高い。

とすれば、庄川扇状地東側扇側部における三か所の東大寺荘園の、いずれかの近くであった可能性が高い。先に述べた井山村の南側には、多治比部北里と同族と思われる「𧏛部千対地」があったこともすでに述べた。さらに、𧏛部千対の本貫であった小井（意悲（斐））郷も、この歌の「やぶなみ」付近であった可能性がある。

この「やぶなみ」の場所をこれ以上に特定することはできないが、高岡市常国《つねくに》遺跡（同市中田地区）

がこれに相当する条件を備えている。常国遺跡では、図2－3のような、古代Ⅰ期（八世紀後半〜九世紀初頭）とされる庇付きの建物跡二棟（一棟は建て替えあり）など、計五棟の掘立柱建物跡が検出されている。場所は庄川扇状地東側扇側部における東大寺領荘園群の北側、石粟村からほど近い砺波郡内である。家持が宿した「多治比部北里の家」であると仮定しても、場所や時期、郡司の家の建物としてはいずれも矛盾がない。

ところで川合郷が、砺波郡の二大河川である小矢部川と千保川（八世紀の庄川河道）合流点付近であるとすれば、前述の官倉群のあった「（川上郷）川上村」が、小矢部川上流域であった可能性がある。そうであればもう一つの官倉群「（意悲郷）意斐村」が庄川流域であった可能性が高くなろう。意悲郷の位置で

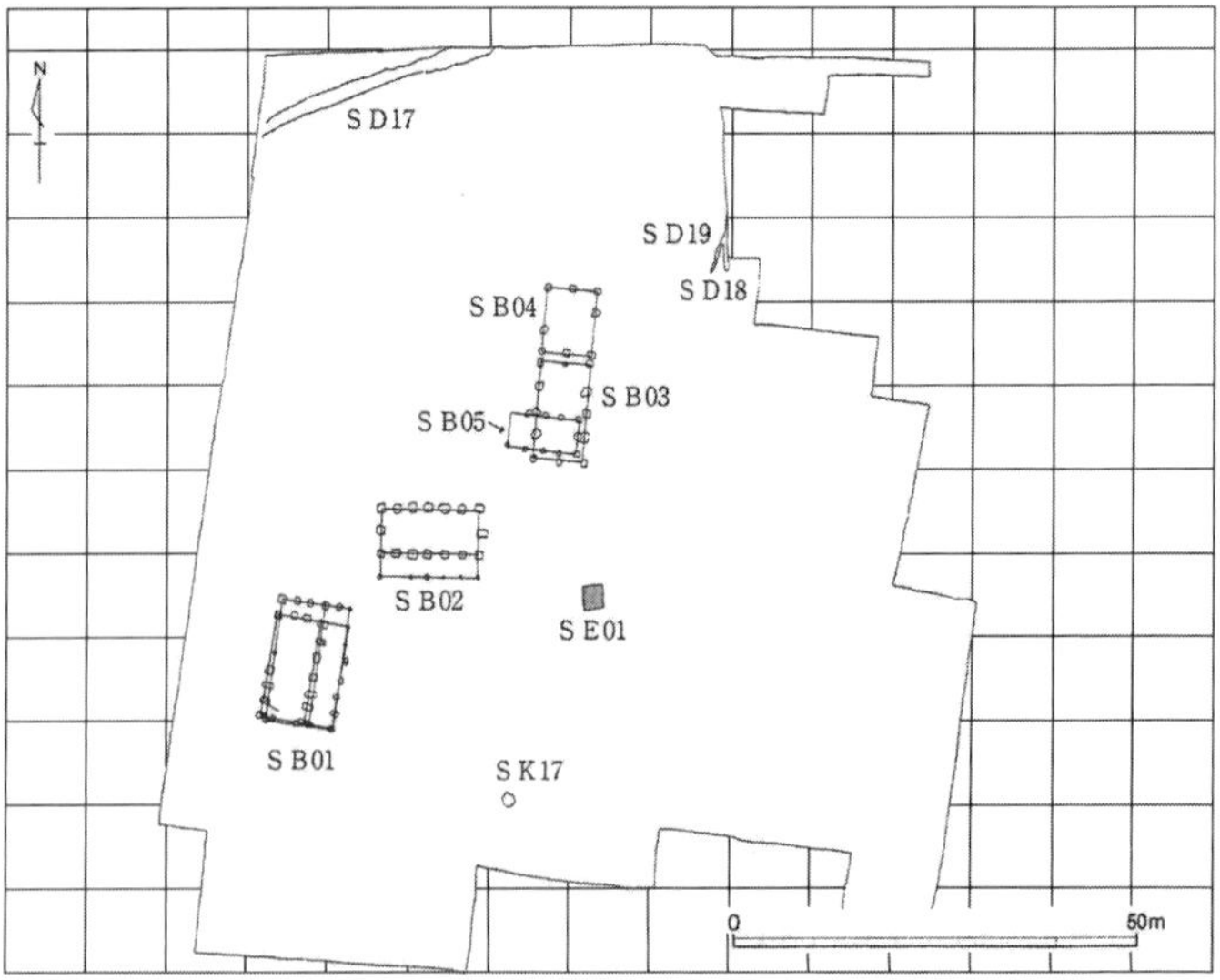

図2-3　常国遺跡の掘立柱建物跡（高岡市教育委員会、2008年）

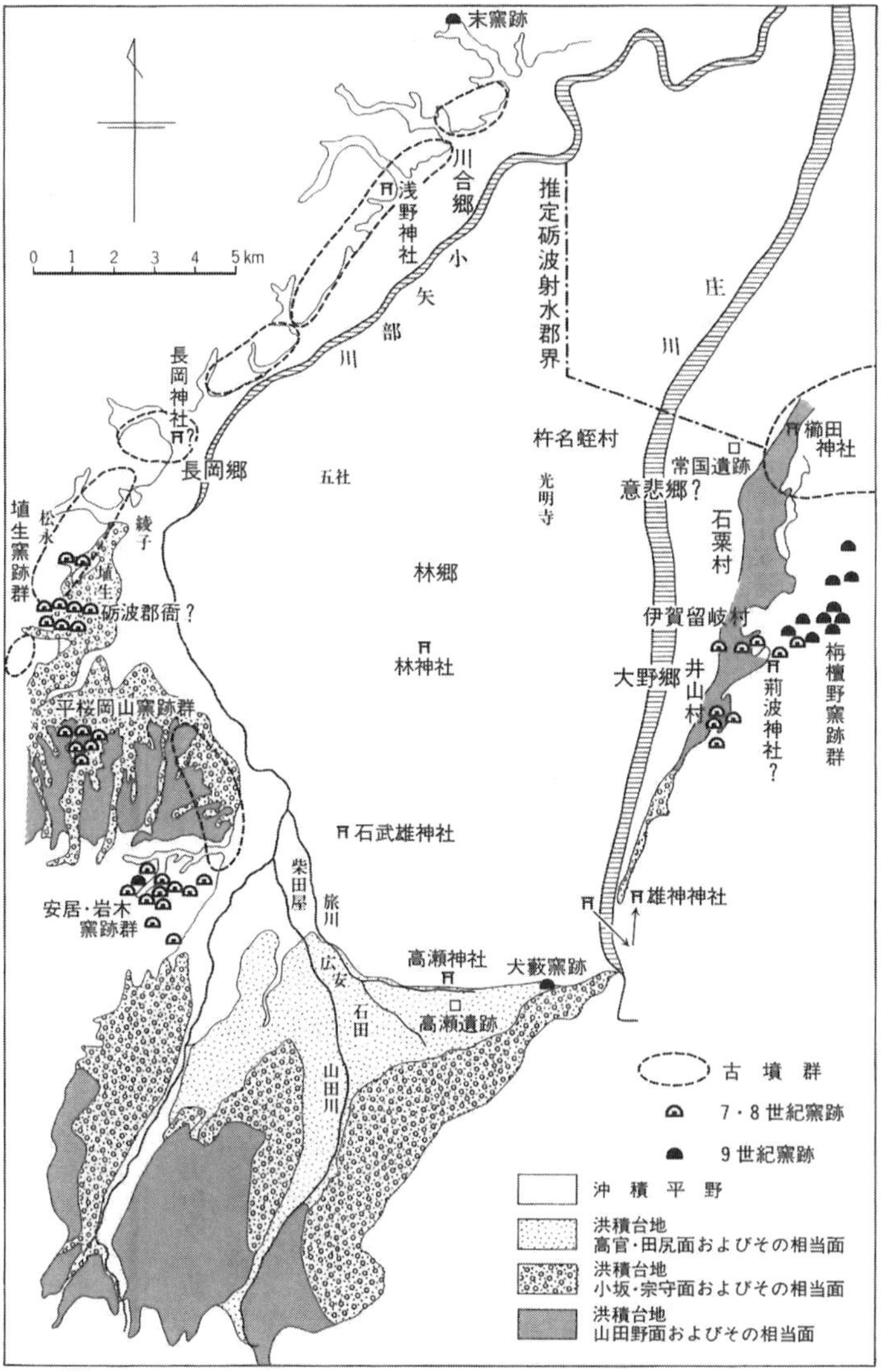

図 2-4　砺波平野の地形（現在）と古代遺跡（金田、1998 年）

あった可能性が高まる。

図2‐4はこれらの位置が推定できるものに加え、延喜式内社の位置、古墳群・窯跡群・古代遺跡の位置と、それらを参考にした郷の位置を表現したものである。図中の常国遺跡は八世紀の屋敷跡である。遺物では証明されていないが、東大寺領のすぐ北方にあたり、家持が検察の折りに訪れた、多治比部北里の家の位置としても矛盾がない遺跡であることはすでに述べた。

小矢部川の支流の一つ旅川上流にあたる高瀬神社の南方には、九世紀の建物跡からなる高瀬遺跡がある。やはり庄川の洪水を受けない場所であるが、南側の高清水山地からの小流による小扇状地の先端付近である。同遺跡石仏地区には南北が五間、東西両面の庇を含めて東西が四間の大規模な主屋と、対称的ではないが東西の脇殿に相当する掘立柱建物が検出され、荘所遺構と考えられている（図2‐5）。

同遺跡穴田地区（図2‐6）には、一〇〜一〇数メートルの間隔を置いて、四棟分ほどの掘立柱建物が検出され

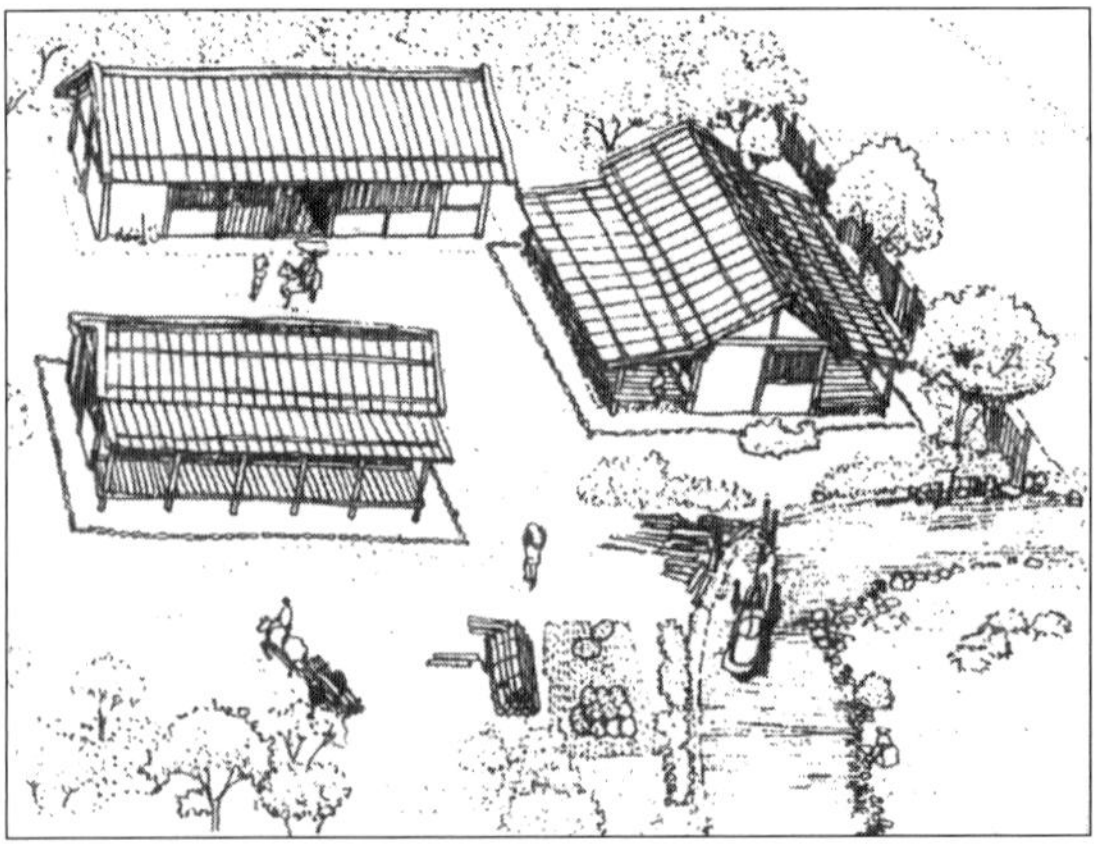

図2-5　高瀬遺跡石仏地区（推定復元図、『国指定史跡　高瀬遺跡』）

ているが、同時にこの内の何棟が存在したのかは不明である。同地区からは「家成」と記した墨書土器が出土し、平安時代初期の砺波郡主政（郡司の三席次目）であった中臣家成に関わる遺構の可能性がある。ほかにも「南麻呂」「衣万呂」といった役人と思われる人名の墨書土器も発見されている。先に述べた多治比部北里の家とも類似する可能性もあるが、即断はできない。ただし、この地域の掘立柱建物を一般農家とみることも困難である。

さらに石仏地区の遺構には水運に使用したとみられる、幅約三メートルの水路があり、大谷川・旅川を経て小矢部川水運とも結びついていたとみられることにも注目したい。

これらの古代の遺跡や荘園などは、庄川東側の扇側部の東大寺領荘園および諸郷以外では、図2－4に示した林（拝師）郷想定地のほかに、庄川扇状地上に存在しなかったことも確認することができる。

これらより早い時期の古墳時代集落跡が検出された小矢部市北反畝《たんせ》遺跡も、小矢部川左岸の小矢部市綾子地区であり、庄川扇状地上ではない。

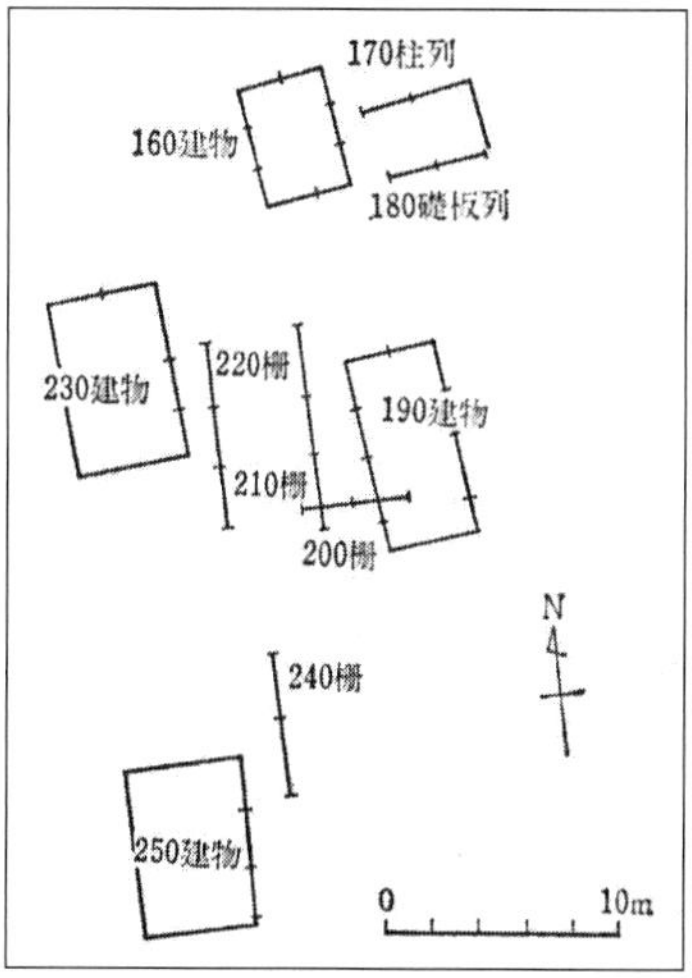

図2-6　高瀬遺跡穴田地区建物跡（『国指定史跡　高瀬遺跡』）

東大寺領荘園

八世紀の庄川扇状地には、東側の扇側部にも庄川とは別の小河川があった。庄東山地を流れ、砺波市般若地区南方の三谷付近から流れ出る谷地《やち》川がその代表的な存在であった。前項で述べたように、洪水の際に庄川が現河道へ移ったときには、庄川の流路がこの谷地川の河道をたどるように流下したと考えられる。

神護景雲元年（七六七）東大寺領越中国砺波郡井山村墾田地図（正倉院宝物、特に記載する東大寺領荘園の古地図以外は同様）には、図2－7のように分流する小河川が描かれている。井山村は砺波郡条里プランの「二六条高槐中里・高槐里・井山里」とこれに接する二五条の一部（「西辺」）、および「二七条岡本里・高槐東里」などからなっていた。

砺波郡条里プランを復原すると、二七・二八・二九条は砺波平野東端であり、四至の記載および東大寺領越中国砺波郡伊加流伎開田地図の山の表現とも合致する。やはり四至の記載から井山村の北に、同じく東大寺領の伊加流伎（伊加留岐村）、さらに北に石粟村が続くことが判明するので、井山村の位置は図2－8のように、ほぼ旧般若村（砺波市般若）付近であったことになる。

圃場整備以前の般若地区の南側には「六ヶ用水」が、北側には「針山用水」が流れ、井山村図に描かれた小河川の東ないし北東へ分流する水路と類似の位置と形状である。両用水は、現在は庄川本流河道から取水しているように見えるが、もともとは、先に述べたように谷地川が水源であったとみられる。井山村墾田地図に描かれた分流の位置が、ほぼ六ヶ用水・針山用水に踏襲されているものであ

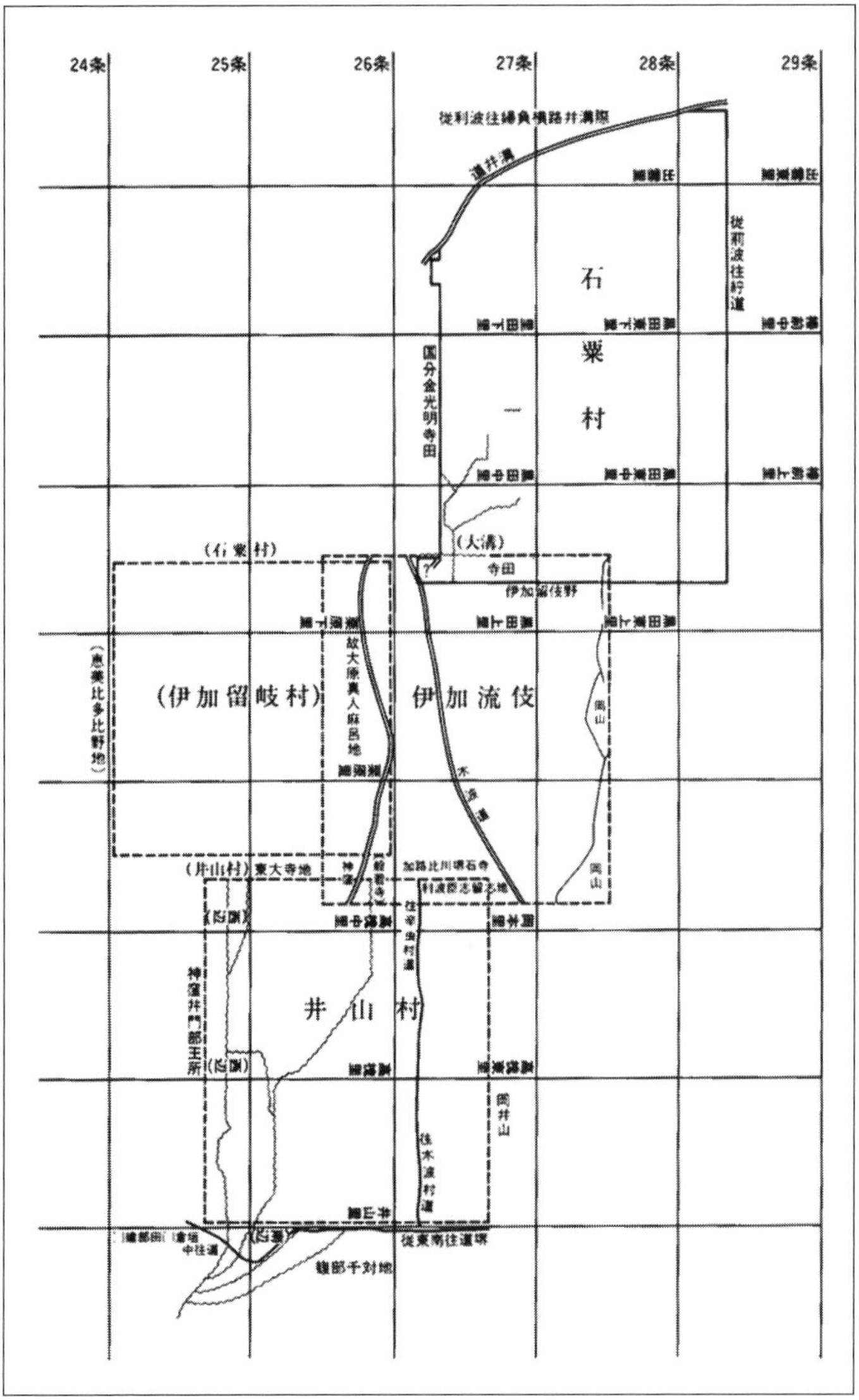

図 2-7　東大寺領荘園図（東側扇側部）の位置関係と水流・溝（金田、1998 年）

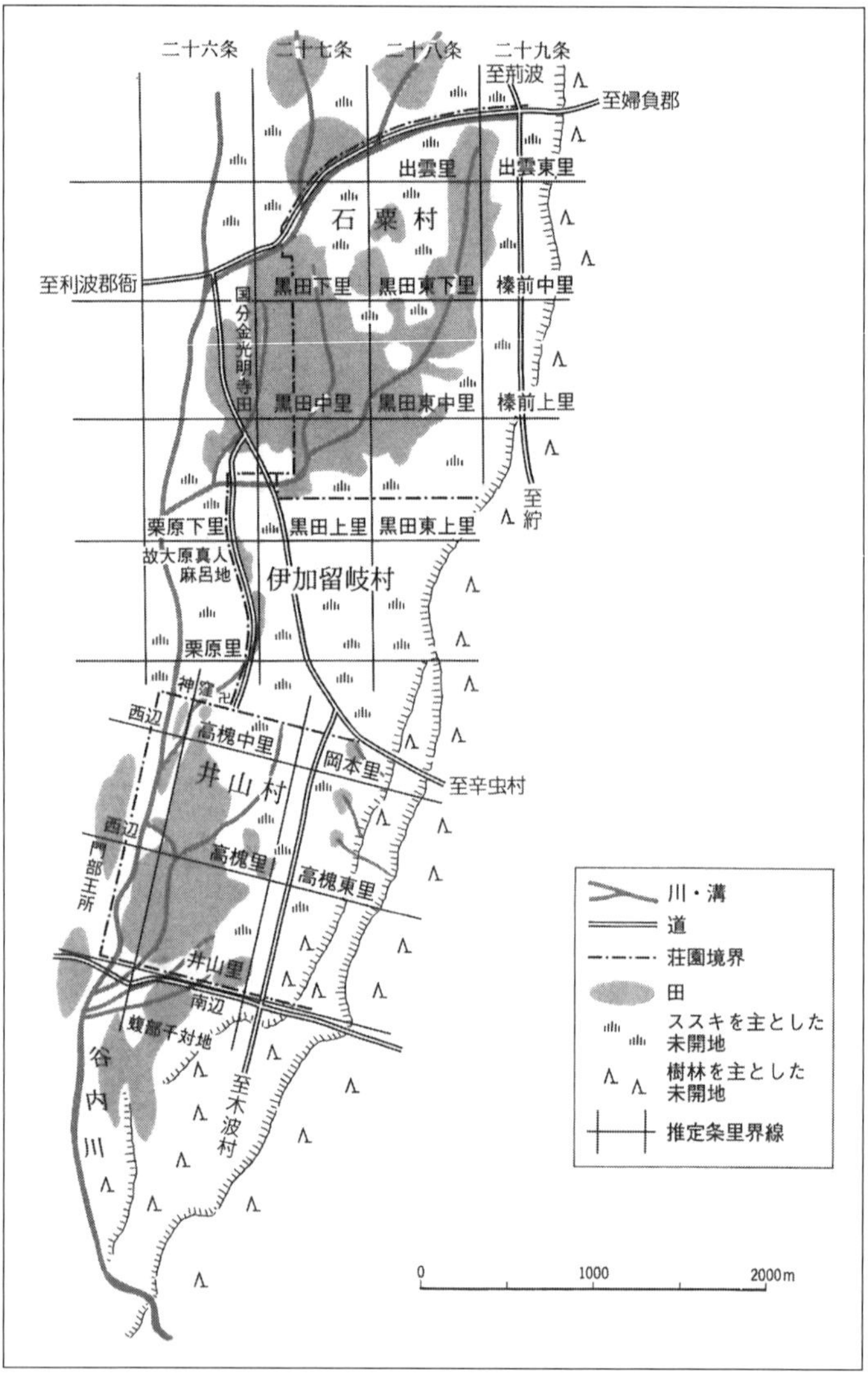

図 2-8　東大寺領荘園図の現地比定（金田、1998 年）

ろう。ただし同荘園図には家屋や集落に直接関わる表現や記載はない。

　井山村は、東大寺に寄進以前、利（砺）波臣志留志の墾田であったとみられ、神護景雲元年には見（現）開四七町八五歩、未開七二町九段二七五歩、計一二〇町からなる荘園であった。砺波臣氏は蝮部氏以上の有力氏族であり、砺波郡大領（郡司の長官）を務めた一族であった。井山村の墾田の寄進後に、志留志は国司（「越中国員外介（定員外の次官）」）に就任した。

　かつて「越中国西部の荘宅（Homesteads）に就いて」を発表して散村研究に先鞭をつけた小川琢治は、砺波平野の「荘宅（孤立荘宅）」の起源として東大寺領荘園図の表現の存在を指摘した。それは東大寺領越中国古代荘園図における唯一の居住地表現、神護景雲元年射水郡鹿田村墾田地図における「物部石敷在家」であった。確かに、少なくとも三方（北側は荘園境界）を東大寺領の田に囲まれた、面積二段以上の屋敷地が表現されている。小川はさらに荘宅の「存続要因」として、農家周囲の耕地を耕作する習慣、フェーンに対する防風林の存在から「成るべく隔離して居住する習慣」があったとも指摘した。

　一方、天平宝字三年（七五九）射水郡楔《くぼ》田開田地図には、射水郡七条から十条の一〇ヵ里（里名は図2-9参照）にわたる東大寺領が表現され、ほぼ南北流する二本の河川が描かれている。四至に「南利（砺）波射水二郡境」と記載されているので、条里プランを復原すると旧射水郡南西隅に位置したことが知られる。現在の高岡市林・大林・十二町島・柳島付近であり、標高二〇メートル弱の庄川扇状地の扇端付近に相当する位置である。二本の川の名称は標記されていないが、東側の川が二本に分かれたり、別の一本が合流したりするように表現されており、扇状地上の河川の流路の状況を反映し

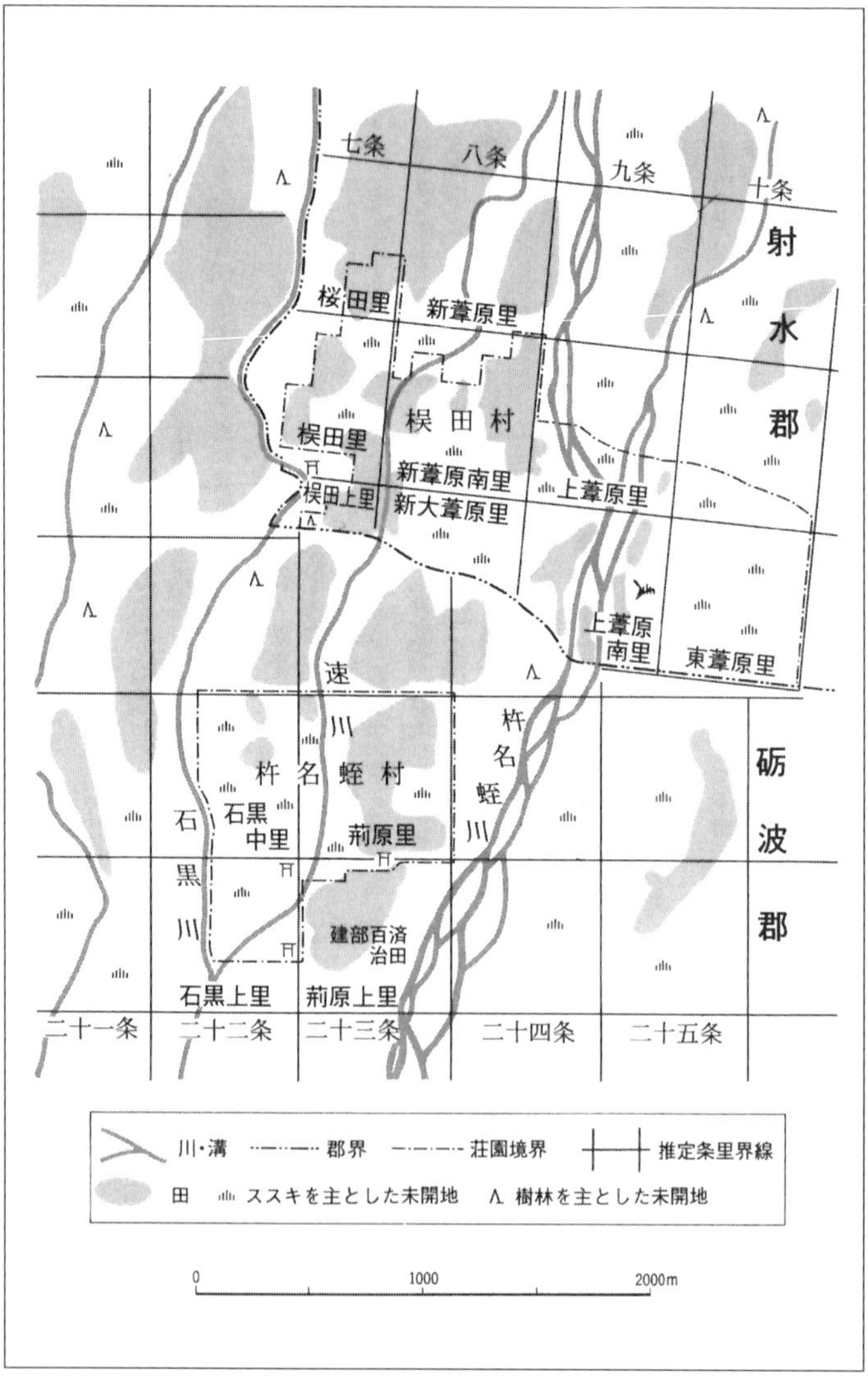

図 2-9　東大寺領楔田村に描かれた川（金田、1998 年）

ている可能性がある。

さらに、神護景雲元年（七六七）砺波郡杵名蛭《きなひる》村墾田地図にも河川の表現がある。杵名蛭村は「砺波郡廿二条石黒中里・石黒上里、廿三条荊原里・荊原上里」に存在し、砺波郡の条里プランを復原すると砺波郡の北側にあたる、射水郡榿田開田地図のやや南に位置したと考えられる。杵名蛭村南西隅から西側を「石黒川」が流れ、そこから北東へ「速川」が分流している様子が描かれている。図中に標記されていないが、四至には「東杵名蛭川、西石黒川」と記載されている。石黒川は荘域の西側境界に描かれていたから、杵名蛭川は荘域から離れた、やや東側を流れていたものであろう。

射水郡榿田（村）と砺波郡杵名蛭村の位置関係は図2－9のようになるので、榿田の東側の川が杵名蛭川の続きであり、西側の川が速川の下流であった可能性が高い。

この推定は、庄川扇状地扇端付近における八世紀当時の河川の状況を示しているとみられる。このような分流・合流の様相は、杵名蛭川が扇状地に多い網状流に近い状況であったことを示していることになろう。現在の庄川は堤防に画されているので、これとの単純な比較は困難であるが、図2－9の位置から東方にあたる位置を流れる現在の庄川河道の河床の水流は典型的な網状流となっている。

この推定によって、今一つ判明することがある。杵名蛭川の下流付近に推定した河道の位置が千保川の位置に相当することであり、榿田村図に表現された河流もこれと連続していたとみられる。千保川跡を庄川が流れていたころの状況を示している可能性が高いのである。

つまり、千保川が八世紀の庄川の主流であったであろうが、増水時あるいは洪水時には、いくつもの分流として流下したと推定される。従って、堤防で画された現在の庄川河道の水流に比べても河道の規模は大きくなく、現在の庄川の河川敷内を平常水位の河道が網状流となって流れている様子に、むしろ近かったとみられる。

いずれにしろ八世紀の東大寺領荘園の田地は、庄川扇状地の東側扇側部と扇端部付近を開拓して成立していたことになる。これらの東大寺領付近には「百姓口分田」や「利波臣志留志」はじめ地元有力者たちの墾田もあった（図2－7参照）。八世紀の庄川扇状地では、扇側部と扇端部の河流の存在する地域が開拓と経営の対象地であったことが知られ、先の図2－4の状況とも矛盾しない。

古代の用水路

先に述べた庄川扇状地東側扇側部における井山村の北方には、天平宝字三年（七五九）砺波郡石粟村官施入田地図が描く石粟村が存在した。この地図とは別に、石粟村官施入田地図の断簡（天理図書館蔵）が存在し、それには荘域西南隅から東に向かう「大溝」と、やはり西南隅から北へ向かい、三本に分岐する用水路が描かれている（図2－7参照）。図2－8に推定したのは小河川が原形であり、完全に人工的な用水路であったかどうかは不明であるが、この断簡に描かれた大溝等は明らかに用水路であり、実際の開拓や耕地の経営には不可欠な灌漑施設であった。

平成一七年度（二〇〇五）には、この井山村などの比定地と庄川現河道を挟んだ西側の久泉遺跡において、図2－10のような遺構が検出された。同図東部（右側）の南西－北東方向の人工的な切込みが溝遺構であり、溝の上端で幅約七メートル、溝の底で幅約四・五メートルであった。溝の底付近から出土した須恵器杯や土層などから、この溝が八世紀の第四四半期ころに存在していたこと、その後は埋積と掘削が繰り返され、最終的に一二世紀後半から一三世紀前半ころに埋積されたと考えられている。

この用水路（報告書では「大溝」と称している）は、発掘調査に加えてレーダー探査によって、上流が砺波市大田集落の西北部、下流が砺波市柳瀬集落のすぐ東側まで、約二キロメートルにわたって確認された。上流は千保川から取水していたとみられ、太田集落付近から久泉を経て、柳瀬集落付近に続く微高地群上を用水路がたどっていたことが知られる。発掘担当者は石粟村官施入田地図の断簡に描かれた「大溝」との関連を想定して調査を実施したが、途中に工場が存在し、確認することはできなかった。

久泉遺跡では、大溝と称している用水路の西側一帯に、掘立柱建物跡四棟分と竪穴建物跡一四棟分が検出された。

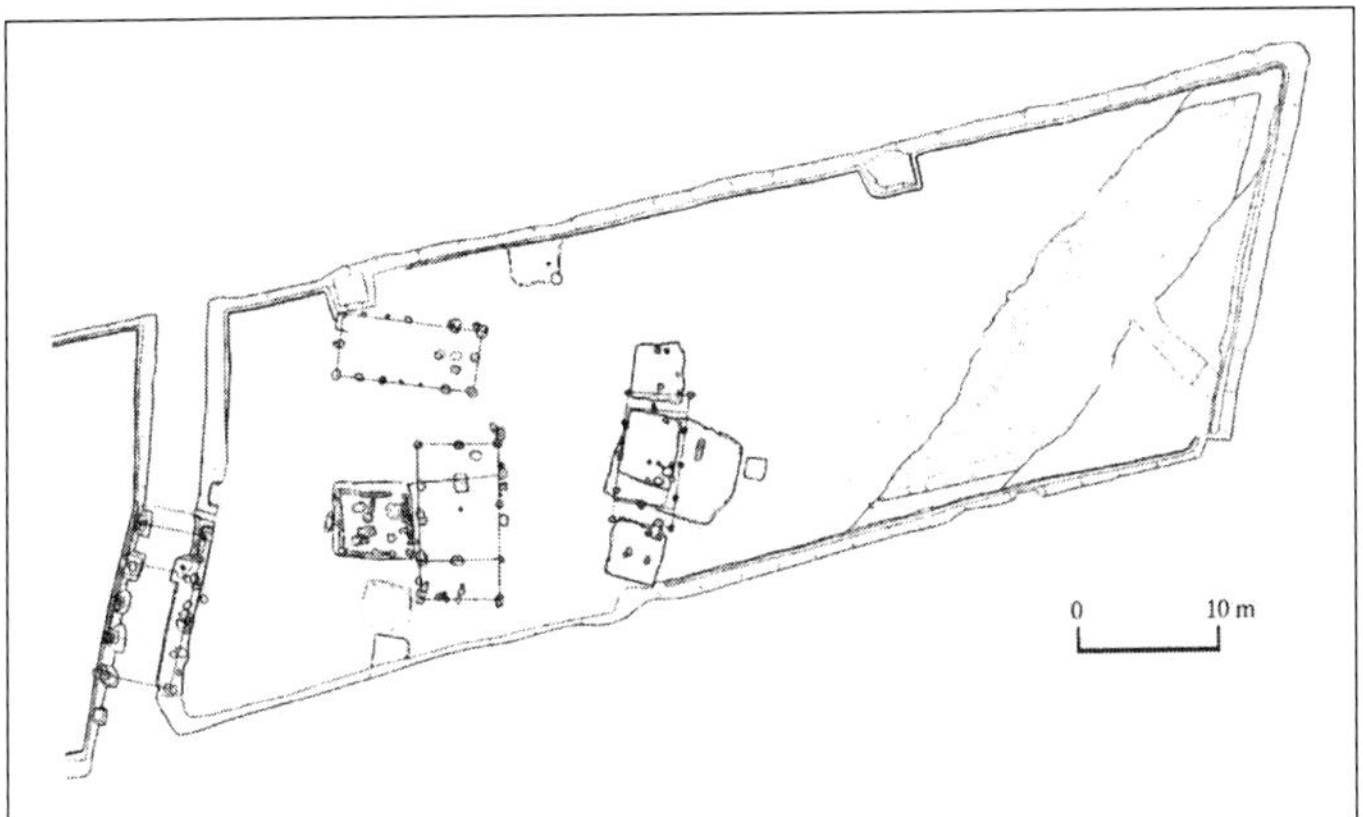

図 2-10　久泉遺跡の水路（右端付近）と建物遺構（砺波市教育委員会、2007 年）

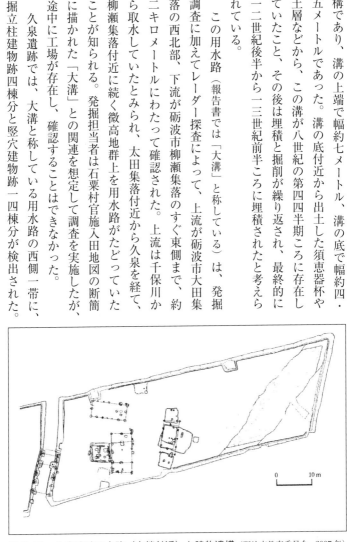

掘立柱建物は八世紀後半から九世紀前半と考えられており、竪穴建物にはこれらと同時のものも、その後に建設されたものもあったとみられている。図2－10のように掘立柱建物の一棟は東西棟、他は南北棟であった。掘立柱建物の方位は不揃いであり、竪穴建物の一部と併存していたとみられる。しかし、八世紀のこの地域では掘立柱建物自体が一般的な存在ではなく、しかも中央部の南北棟は柱間が五間×二間（六〇平方メートル以上）の規模であり、何らかの官衙的な機能を想定することができる可能性がある。しかも存続時期は東の大溝と同時期であり、大溝の西の内側には溝脇に犬走り状の中段となった部分がある。この建物群から大溝への何らかのアクセスの施設とみられる。

とすればこの建物群は、発掘で検出された用水路の管理に関わる「溝所《みぞどころ》」であった可能性がある。小川琢治の指摘に関わって紹介した、神護景雲元年東大寺領越中国射水郡鹿田村墾田地図には、東西方向の「法華寺溝」に接して「溝所八十歩」が標記されており、その位置は、久泉遺跡の建物群と大溝との位置関係に酷似する。久泉遺跡の建物群は溝所の機能を有していたものと考えるのが妥当であろう。

久泉遺跡の溝跡が石粟村図断簡に描かれた大溝とどのように関係するのかは不明であるが、同図に描かれた西南隅から東に向かう「大溝」と、やはり西南隅から北へ向かい、三本に分岐する用水路は、条里プランの方格の方向である。同図に描かれた溝は、すでに述べたように、明らかに石粟村の田地の灌漑用であろう。

今のところ、石粟村の溝の水源が、谷内川の下流であった可能性と、千保川（旧・庄川）から引水した久泉遺跡の大溝を経由した用水であった可能性があるが、いずれにしても石粟村の田地の開拓に不可欠であったものであろう。

石粟村の上流側にあたり、谷内川の谷口に近い井山村の場合は、前項で述べたように谷内川の分流を灌漑用水として開拓したと推定される。石粟村の人工的溝とは形状が異なるが、それぞれの地形条件に対応したものであろう。

なお、井山村と石粟村の中間にあった伊加留岐村（伊加流伎）は、ごく一部を除いて未開であり、用水路もまた描かれていない。

2　中世の屋敷分布

田尻遺跡の建物跡

前項で述べたような古代東大寺領荘園の関係資料や古代遺跡からは、当時の開発の状況や溝所の存在が知られるが、一般的な村落の様相がどのような集落形態であったかを明確に知ることができない。八世紀の常国遺跡や、九世紀の高瀬遺跡の建物跡も当時の村落に直結するかどうか不明である。ところが、時期は遅れるが中世には、散村ないし密度の低い小村が出現していたことが判明する。砺波平野西南部の南砺市田尻遺跡で検出された建物群は散在する屋敷群の存在を明確に示している。田尻遺跡は、小矢部川右岸側の支流である山田川に近い低位段丘上であり、庄川扇状地上の洪水が及ばない、地形的に安定した部分である。

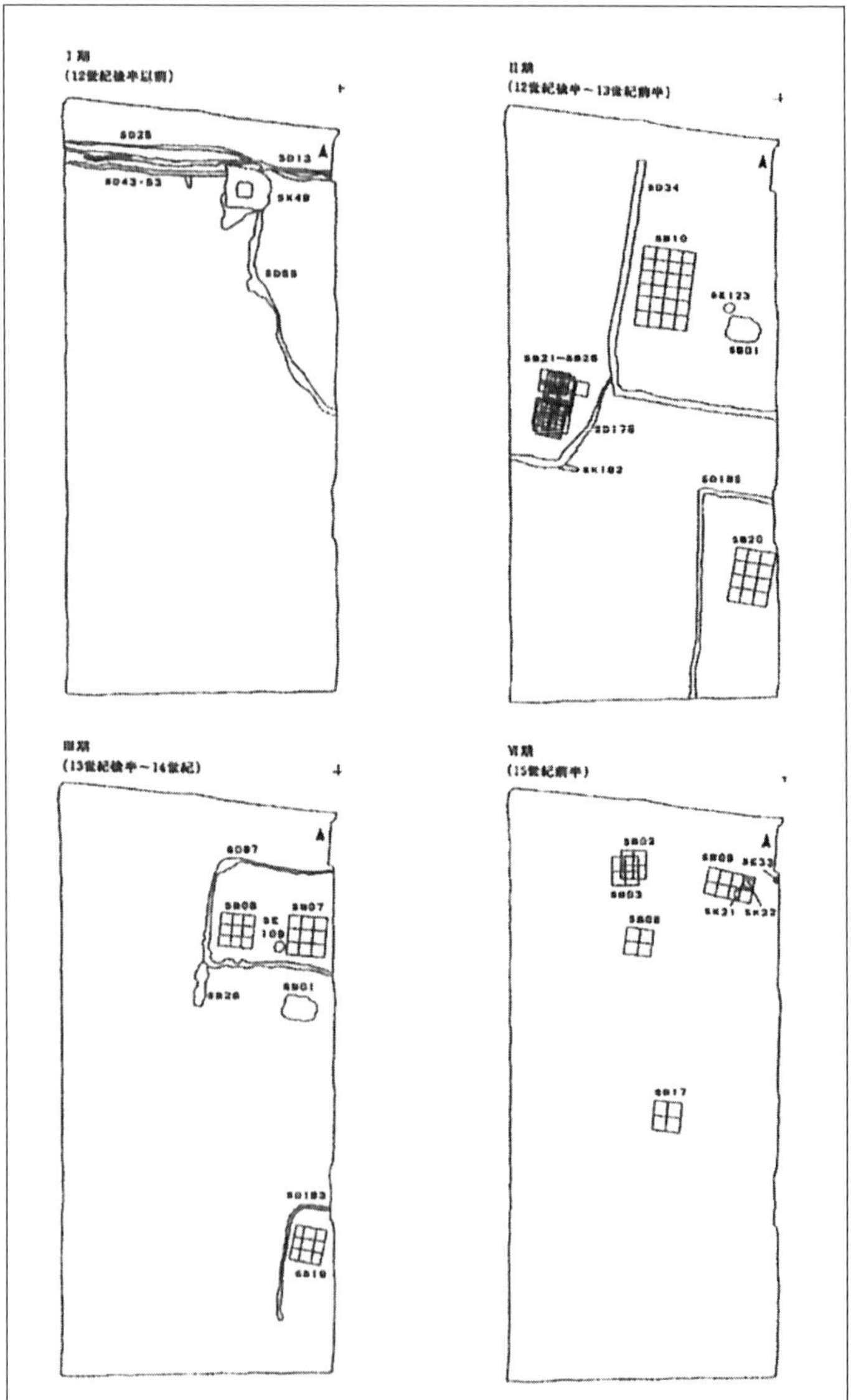

図 2-11　田尻遺跡の掘立柱建物遺構（富山県文化振興財団埋蔵文化財調査事務所、1996 年）

さて、田尻遺跡で検出された遺構の概要は図2－11のようであった。この遺跡では、一二世紀後半以前（富山県報告書ではⅠ期）に、溝と、塔婆が建てられた塚があったが、建物は存在しなかったとみられている。

一二世紀後半～一三世紀前半（Ⅱ期）にかけては、溝に囲まれた三区画が形成されており、北東の区画には南北六間、東西四間の柱間からなる大型の掘立柱建物があり、区画内には井戸跡もあった。井戸跡付近には、何らかの作業場があったと考えられている。西側の区画で検出されたのは、二間×二間ないし二間×三間の小規模な建物であるが、この期間に六回も建て替えをしていたと考えられ、建物跡が重層していた。離れた別の溝で囲まれた南東の区画にも四間×三間の建物があった。

一三世紀後半～一四世紀（Ⅲ期）にはそれまでの区画溝がなくなり、北東部と南東部にはそれまでよりも小さな区画が出現し、北東の区画には二棟、南東の区画には一棟の、いずれも柱間の異なる建物跡が存在し、北東の比較的大きな建物跡には井戸跡が伴っていた。

一五世紀前半（Ⅳ期）には二間×二間の小規模な建物跡が六棟分検出されたが、これらを取り囲む溝は存在しなかった。

前項で紹介した久泉遺跡と異なって、田尻遺跡の建物跡はこのようにすべて掘立柱建物であり、中世には掘立柱建物が一般化していたとみられる。さらに同図に表現されているように、これらの建物遺構は、すべてが総柱と呼ばれる掘立柱建物である。総柱建物とは、多くの場合に瓦葺屋根などの重い建物や、倉庫など重量物を収納する建物用であり、しかも掘立柱ではなく礎石を使用していた場合が多い。

　ところが田尻遺跡の場合、出土遺物に瓦がなく、おそらく茅葺か草葺であったと思われる。総柱に見える建物も、外縁の側柱を除けば、おそらく床を支えた束柱《つかばしら》であったとみられる。そうであれば、北陸の冬の積雪に関わる床張りの建物であったものであろう。

　田尻遺跡のこの調査区に隣接して、当時の福野町（現・南砺市）による調査区があり、やはり総柱の掘立柱建物跡が五ないし六グループ存在したことが知られている。このうち南砺スーパー農道のすぐ北側には、五間×四間の大型建物があり、北側に庇を持っていた可能性がある。仮にこの大型建物を主屋と考えて、先に述べた調査区のⅡ期の大型建物との距離を測定してみると、ほぼ一〇〇メートル近い間隔となる。これらが有力者層の主屋であると仮定すると、一二世紀後半～一三世紀前半ごろには、有力農民の住居が離れて立地していたことになる。この状況はのちにおける散村の農家分布を連想させるものである。

　ただし、小規模な掘立柱建物跡の性格が不明なので、集落形態が後世のような散村であったのかどうかは即断できない。しかし少なくとも、人家が寄り集まった集村でなかったことは確かであり、散村または分散的傾向の強い小村であったとみられる。

北反畝遺跡の建物跡

小矢部川西岸の北反畝《きたたんせ》遺跡（小矢部市綾子）でも発掘調査によって建物跡が検出されている。北反畝遺跡は、小矢部川左岸に位置する。小矢部川の支流である渋江川などの小河川の堆積による平野上であり、西側を限る山地には、古墳群や窯跡群がある。北反畝遺跡は現在の綾子集落と埴生集落の中間に位置する。従って地形条件からすれば、砺波平野の中央部を占める庄川扇状地とは異なった地形条件の部分である。

圃場整備以前の地表には、やや歪んだ方格状の地割群があり、かつて条里プランに関わる地割形態とみて報告した（『小矢部市史』金田執筆分）。この地割群は、北反畝遺跡の発掘調査においては一二世紀後半に施行された地割群と考えられている。この報告に従えば、荘園の下で形成された「荘園の条里プラン」（金田『古代日本の景観』）であることになる。

北反畝遺跡の西南方向にあたる、渋江川を遡った上流側に小矢部市道林寺遺跡があり、その付近に砺波郡家があった可能性が高いことはすでに述べた。北陸道の官道は、加賀国から北側の倶利伽羅《くりから》峠付近を越えて北東方に向かい、越中国府に至ったとみられるが、砺波郡家付近から、北反畝遺跡付近を経て北上し、官道に合流した交通路（古代であれば「伝馬」道の可能性も）があった可能性が高い。

この一帯は庄川扇状地上のような大規模な洪水に見舞われることがない。この点では、小矢部川右岸側の支流である山田川の堆積による平野が低位段丘化した部分における、田尻遺跡と共通する。両地域とも、庄川扇状地上に比べて、相対的に早く開発が進んだと考えられる。北反畝遺跡では、五～六世紀の古墳時代の住居跡も検出され、この地域の居住がすでに始まっていたことが知られる。

同遺跡ではこの五～六世紀の遺構面の上層に、一二世紀後半、一三世紀、一四世紀の三面の遺構面も確認された。図２－12は、その内の一二世紀後半の建物跡が検出された面の遺構である。時期としては、先に紹介した田尻遺跡のⅡ期に近い。

同図のように、発掘調査は三か所の調査区からなっていた。西北の調査区では、溝に囲まれた四間×五間の大規模な総柱建物跡があり、近くに中小三棟のやはり総柱建物跡がある。西南の調査区では、さらに大規模な四間×七間の総柱建物跡があり、その南側と東側に溝がある。東の調査区でも、

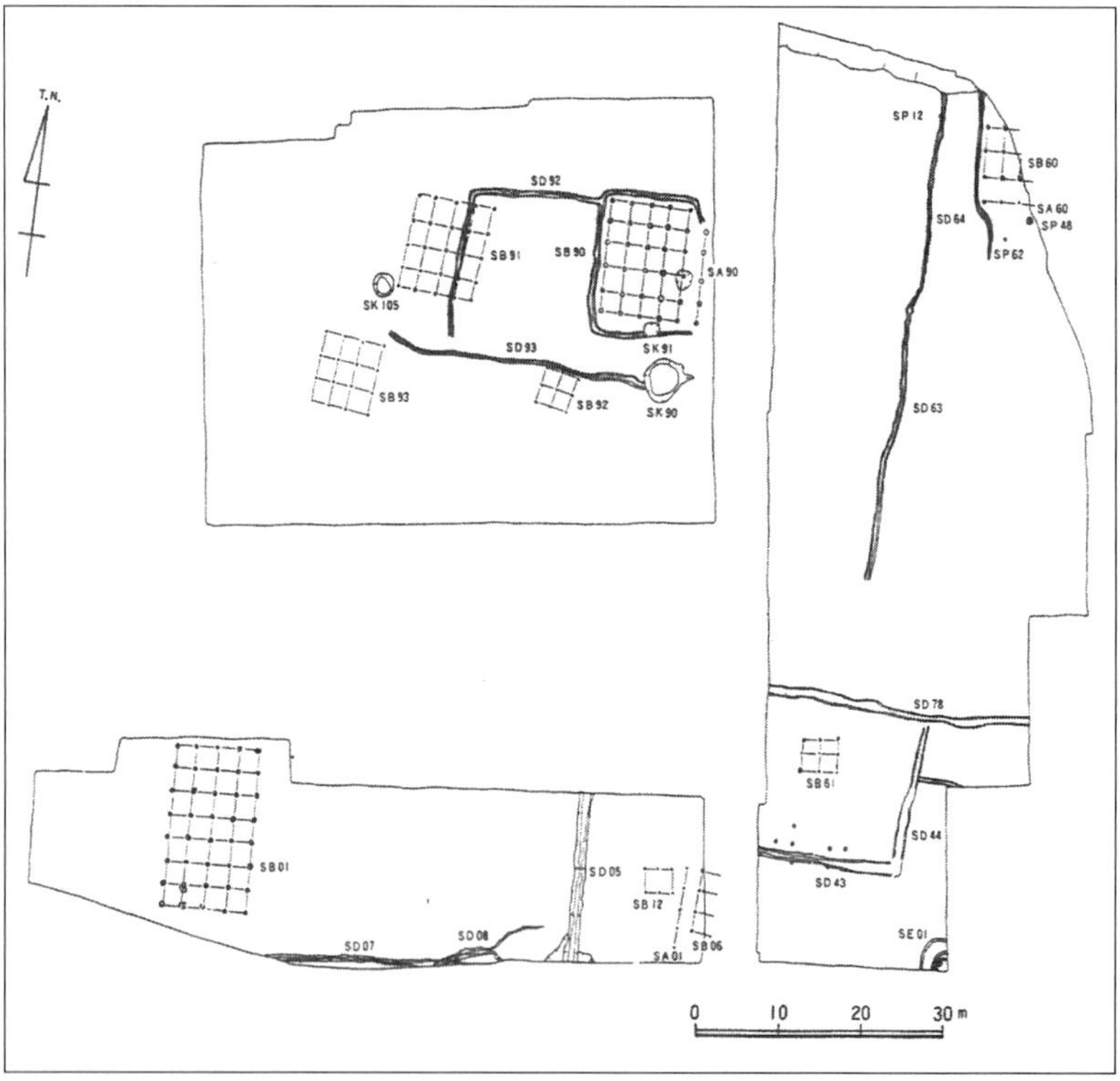

図2-12　北反畝遺跡の掘立柱建物遺構（小矢部市教育委員会、1990年）

溝と小規模な建物跡が見られる。

ここでも建物跡はすべて総柱建物であった。田尻遺跡でも検出されたものと類似しており、やはり束柱を持った、床張りの建物であったとみるべきであろう。

北反畝遺跡の西北調査区のような大規模な建物と、付近の小規模な建物の関係を即断することはできないが、いずれも住居であるとすれば、有力者とそうではない住民のものであったことは確かであろう。

北反畝遺跡の北西調査区と南西調査区における、それぞれの大規模な建物を、田尻遺跡の場合と同様に有力な農家の主屋と考えると、両者は八〇～九〇メートルほど離れていることになる。

田尻遺跡と同様に、北反畝遺跡においても、散村ないし、まばらな小村の一部が検出されたものであろう。このような集落形態は、同じころの次のような史料からもうかがうことができる。

広瀬郷の屋敷分布

円宗寺領石黒荘広瀬郷は、砺波平野南西隅の医王山麓の平野部（現・南砺市館、小坂付近）にあった。この位置も小矢部川左岸にあたり、庄川扇状地とは異なるが荘園関係の史料に恵まれている。宝治二年（一二四七）広瀬郷内検帳によれば見（現）作田四一町二反余、新田四町四反余、勧農田五町八反余からなっていた。

この広瀬郷の地頭名であった重松名は弘安三年（一二七八）の惣（総）田数二町七反余であり、不作・河成などを除いた見作は一町四反余であった。年代としては田尻遺跡のⅢ期に相当するが、現地での経営の中心である地頭名でもあり、Ⅱ期ないしⅢ期の大型総柱建物や、北反畝遺跡の二棟の大型総柱建物のような、有力農民の主屋に居住していたであろうことを連想させる。

重松名《みょう》のような規模の農業経営には、その名自体の家族以外にも労働者が必要であったと思われる。弘長二年（一二六二）関東下知状には「重松廿宇加脇在家十九宇定也」とあり、重松名は在家一宇と脇在家一九宇からなっていたことになる。脇在家一九宇が、在家の下でさまざまに働いていたものであろう。

このような在家と脇在家の関係は、田尻遺跡や北反畝遺跡における大規模な建物と付近の小規模な建物の存在という状況とイメージが重なる。

さらに石黒荘弘瀬郷において、領家と地頭との間に起こった相論の和与状には、いずれも面積が不明であるが、二か所の畠の所在を記している点に注目したい。記載された畠（畑）の四至を図示してみると図2－13のような状況となる。

「御出居野畠」は、東の境界が某「本宅」から某「私宅」へ、南がその「私宅」から「山道」を経て某「垣根」へ、西が某「垣

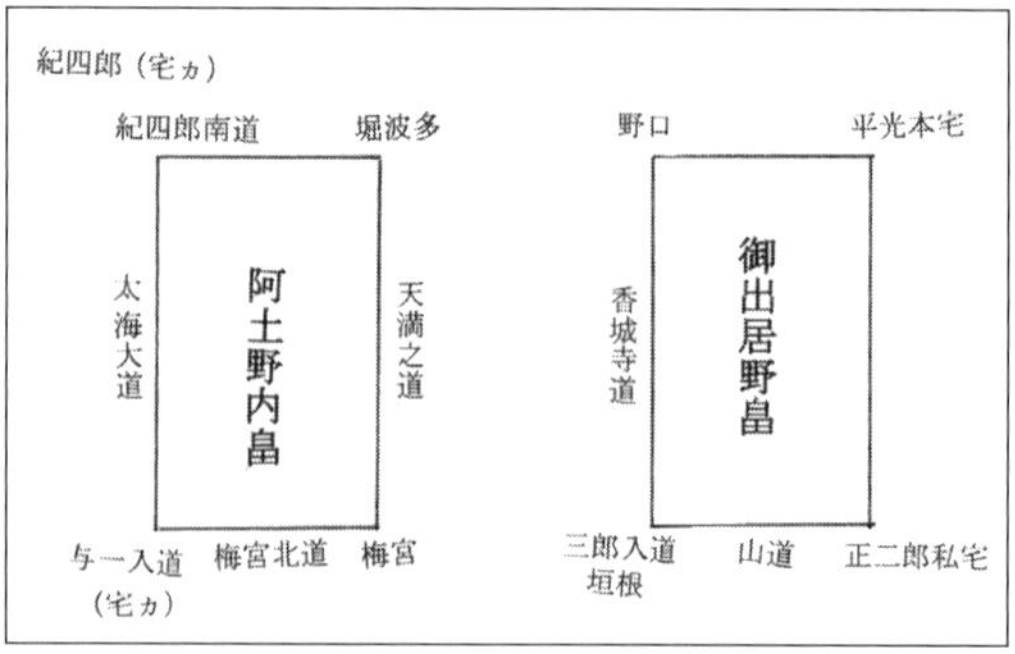

図2-13　広瀬郷における畠の四至（筆者作成）

根」から「香城寺道」を通って「野口」へ、北が「野口」から東の某「本宅」へ、と表現されている。「垣根」と「野口」は不明だが、北東と、南東には「宅」つまり家があったことが知られる。

「阿土野内畠」の場合、東側に「天満之道」、南に「梅宮北道」、西に「太海大道」、北に「紀四郎南道」などの道があり、北東に「堀波多」、東南方に「梅宮」西南方に「与一入道（宅カ）」、西北方に「紀四郎（宅カ）」があったとみられる。「堀波多」が堀端を意味しているとすれば、堀を構えた居館の存在を想定させる。そうであれば、北東方に居館の堀、東南方に神社、南西方と北西方に家、といった散在的な屋敷分布の状況であったことが知られる。

この史料では、畠の位置から周辺の集落の状況を眺めたことになるが、いずれも家々が密集していない、散らばった屋敷分布の状況であったとみられる。

円宗寺領石黒荘の広瀬郷は、砺波平野南西隅の医王山麓の平野部（現・南砺市館、小坂付近）にあった。この広瀬郷の「重松名」の在り様を田尻遺跡の建物跡に想定してみると、田尻遺跡Ⅱ期の大きな建物をこのような在家に相当するものと考えてよいかもしれない。そうであれば、小規模な建物を脇在家にあたるものと想像することになろう。

牧野信之助はかつて、「中世末の村落と加賀藩の宅地政策」が散村を成立させたとし、「土豪居住の型体が、散居村落制成立の一模本」となったと考えた。村松繁樹はこの牧野説に対し、すでに小川琢治が指摘していた持続要因や自然環境などを再認識することを主張した。

牧野の指摘にある「中世末の村落」「土豪居住の型体」の実態を的確には知り得ないが、ここでみてきた中世の建物跡、広瀬郷の屋敷分布の状況などによってそれを説明することは不可能ではない。

一二世紀後半以後の田尻遺跡や同じころの北反畝遺跡、あるいは一三世紀後半の広瀬郷などにおける集落形態は、小村あるいは散村といったまばらな分布の建物群からなっていたことは確かである。

中世の郷荘域と開拓

中世の史料ではないが、元和五年（一六一九）作成の『利波郡家高新帳』（富山大学蔵「川合文書」）という史料があり、その時点の砺波郡全域にわたって、村ごとの家数を記している。もとよりこの家数は各種税負担の義務を負った農家数であり、厳密な意味での戸数と異なる。しかしこの家数は土地持ちの百姓を意味し、当時の開拓・居住の趨勢を反映しているとみられる。

この時点では、庄川が地震後の大洪水とともに現河道に主流を移していたことはすでに述べた。しかし、加賀藩による河道の固定工事はまだ完了しておらず、近世の開拓が本格化する以前の状況を示しているとみられる。近世初期の史料ではあるが、大勢としては中世末の状況に近いとみてよいだろう。図2－14はこの家数を、五軒以下～三一軒以上まで、七段階の大きさの円として、各村域の中央付近に図示したものである。

さらに『加能越三州地理志稿』には、天保元年（一八三〇）当時における「天正以降相伝」とされる二六の郷荘名を挙げている。五箇山を除く二五の名称は、「太美、広瀬、吉江、石黒、山田、能美、井口、山見、高瀬、院林、野尻、般若、庄下、福田、油田、若林、和沢、蟹谷、松永、宮島、糸岡、

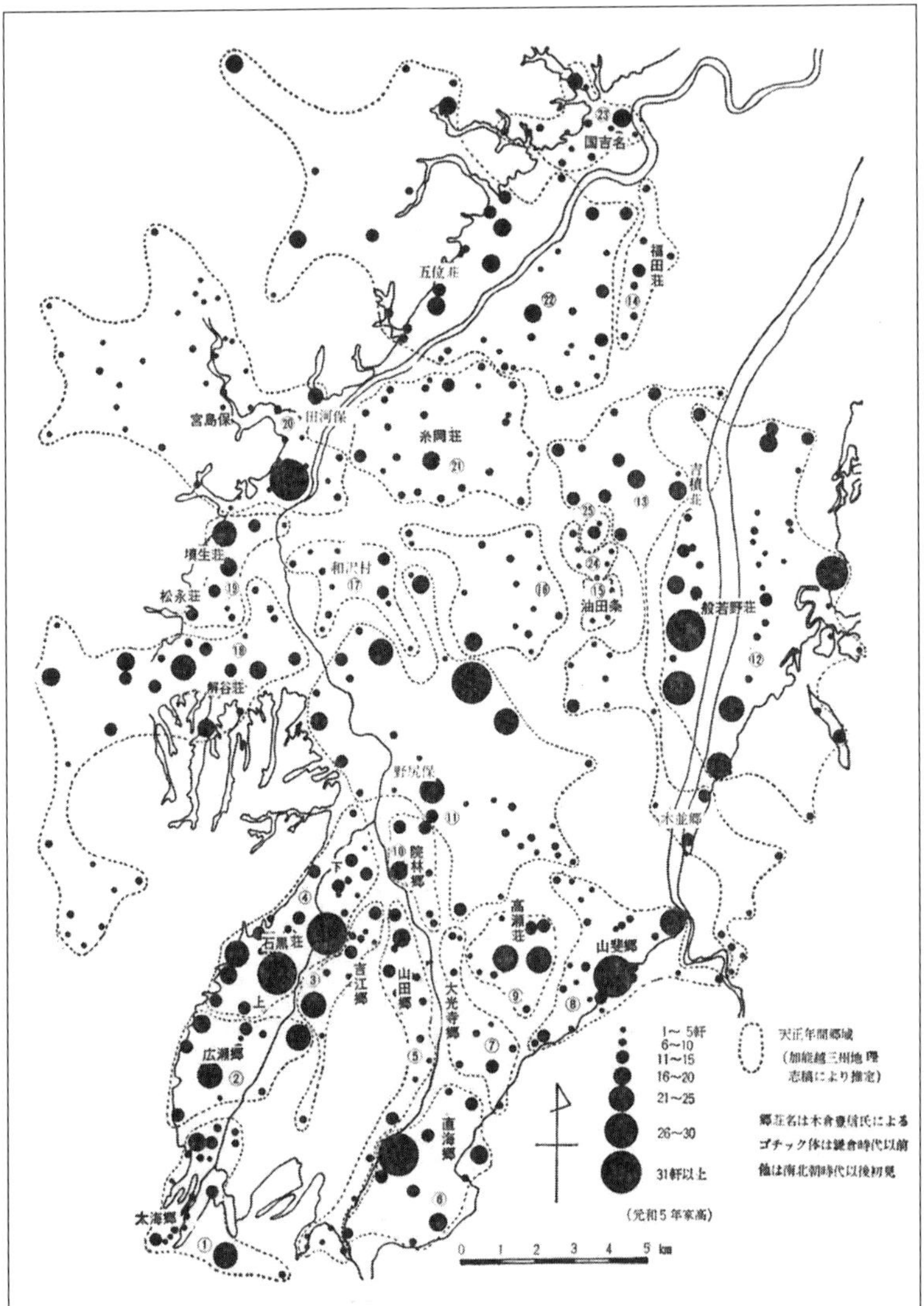

図 2-14　中世砺波平野の郷荘域（金田、1985 年）

五位、国吉、是戸、正戸」である。これには、前項で述べた一三世紀の史料に登場する広瀬郷を含んでいる。

しかしこの中には、前節に記した『和名抄』所載の砺波郡一二郷と同一の名称は存在しない。仮に『和名抄』郷名を九世紀、この二五の郷荘名を天正年間（一六世紀後半）の状況とすれば、その間における制度や開拓など、さまざまな変化が著しく大きかったことの反映とみられよう。

『加能越三州地理志稿』には、各郷荘内の村名をも書き上げているので、それによって郷荘の範囲も同図に図示した。先に紹介した田尻遺跡は山田郷内の北部、北反畝遺跡は埴生荘内の中央部付近であり、広瀬郷は砺波平野南西隅に近い山麓の平野である。いずれも小矢部川ないしその支流沿いであり、庄川による直接の洪水・堆積は及ばない。

家高三一軒以上の大きな村は計七村であり、同図によれば、そのうち六村は平野西部の小矢部川流域、およびその支流の上流部などのいずれも山麓部と、東部の旧千保川沿いに位置する。平野中央部では一か所（次章で取り上げる鷹栖《たかのす》村）のみである。

三〇軒以下の村も全体として平野西部と南部、および東部と北部に多く、中央部の庄川扇状地上では、右のように鷹栖村などの例外はあるものの、全体としては分布が非常に少ない。図2－4に示した古代の遺跡分布よりは、平野の開発が進んだことはうかがえるが、依然として分布が周辺に偏っている傾向は類似する。

さらに庄川扇状地上においては、村の分布が連続して見られない、いくつかの空白地帯がある。村がないのであるから、どの郷荘に属していたのかも不明の部分である。このような空白地帯は、後に述べるように旧河道の位置と関わり、旧河道部分の開拓が遅れていたことを反映しているものであろう。

本節で述べた中世の段階では、砺波平野の村落はすでに小村あるいは散村といったまばらな分布の建物群からなっていたことを、いくつかの遺跡の調査結果や史料の記載から確認できる。しかし、それが平野全域には及んでいなかったことも図2－14によって知ることができる。とりわけ庄川扇状地上では、中世末ないし近世初頭に至っても未開の部分が多かったことが知られる。

◎主要参考文献

小川琢治『人文地理学研究』古今書院、一九二八年
富田景周『加能越三州地理志稿』一八三〇年
高畠幸吉編『砺波町村資料』一九三二年
牧野信之助『土地及び集落史上の諸問題』河出書房、一九三八年
村松繁樹『日本集落地理の研究』ミネルヴァ書房、一九六二年
砺波市史編纂委員会編『砺波市史』砺波市、一九六四年
藤井昭二『五万分の一表層地質図　砺波』等、富山県、一九六七年
富山県編・刊『富山県史　史料編Ⅰ　古代』一九七〇年
金田章裕『条里と村落の歴史地理学研究』大明堂、一九八五年

南砺市文化・世界遺産課編・刊『国指定史跡　高瀬遺跡』刊年不記
福野町教育委員会編・刊『福野町田尻遺跡発掘調査現地調査説明会資料』一九八九年
神嶋利夫「砺波市宮村とその周辺の地形」『砺波散村地域研究所研究紀要』八号、一九九〇年
小矢部市教育委員会編・刊『北反畝遺跡—条里遺構の発掘調査概要Ⅱ—』一九九〇年
医王山文化調査委員会編『医王は語る』福光町、一九九三年
金田章裕『微地形と中世村落』吉川弘文館、一九九三年
金田章裕『古代日本の景観』吉川弘文館、一九九三年
富山県文化振興財団埋蔵文化財調査事務所編・刊『埋蔵文化財調査報告　第8集』一九九六年
金田章裕『古代荘園図と景観』東京大学出版会、一九九八年
金田章裕『古地図からみた古代日本』中公新書、一九九九年
金田章裕・藤井正編『散村小都市群地域の動態と構造』京都大学学術出版会、二〇〇四年
砺波市教育委員会編・刊『久泉遺跡発掘調査報告書』二〇〇七年
佐伯安一『近世砺波平野の開発と散村の展開』桂書房、二〇〇七年
高岡市教育委員会編・刊『常国遺跡調査報告』二〇〇八年
金田章裕『古代・中世遺跡と歴史地理学』吉川弘文館、二〇一一年
新藤正夫『富山砺波散村の変貌と地理学者』ナカニシヤ出版、二〇一一年

3 近世・近代の砺波平野

1　旧河道の開拓

旧河道と近世初期の村々

現在の庄川は、扇状地東南端付近の谷口から、ほぼ真北の方向へ向かって流れている。現河道の西側に広がる扇状地上には、かつての河道であった何本かの旧河道が扇頂から放射状に存在している。前章で述べたように主要な旧河道は、西北方向へ向かうものから北方向へ向かうものへと順に、図3−1のような野尻川跡、中村川跡、新又《あらまた》川跡、千保《せんぼ》川跡である。これらの旧河道のそれぞれが、かつての庄川の主流であったと考えられ、扇状地の形成に関わってきた。

現在のように河道両岸の大規模な堤防によって河川敷が限定され、河道が固定されている状況からは、河道固定以前の状況を想像することは容易でない。しかし、かつて堤防が存在しない河道の状況においては、洪水時の濁流とそれに運ばれた土砂、あるいは増水時の濁流は、それぞれの時期の主要な流路であった旧河道（右に主流と表現）から、ほかの旧河道にも流入したことは間違いない。さまざまな規模の洪水堆積を繰り返すことによって扇状地が形成された。

このような過程を反映し、多くの場合これらの増水・洪水の際に流路となる旧河道には表土が溜まらない。また流速が衰えたり、流水が拡散したりする旧河道沿いには、洪水堆積によるわずかな高まりの微高地群が存在する。微高地群が旧河道方向に細長い形状で数多く存在していることは、すでに

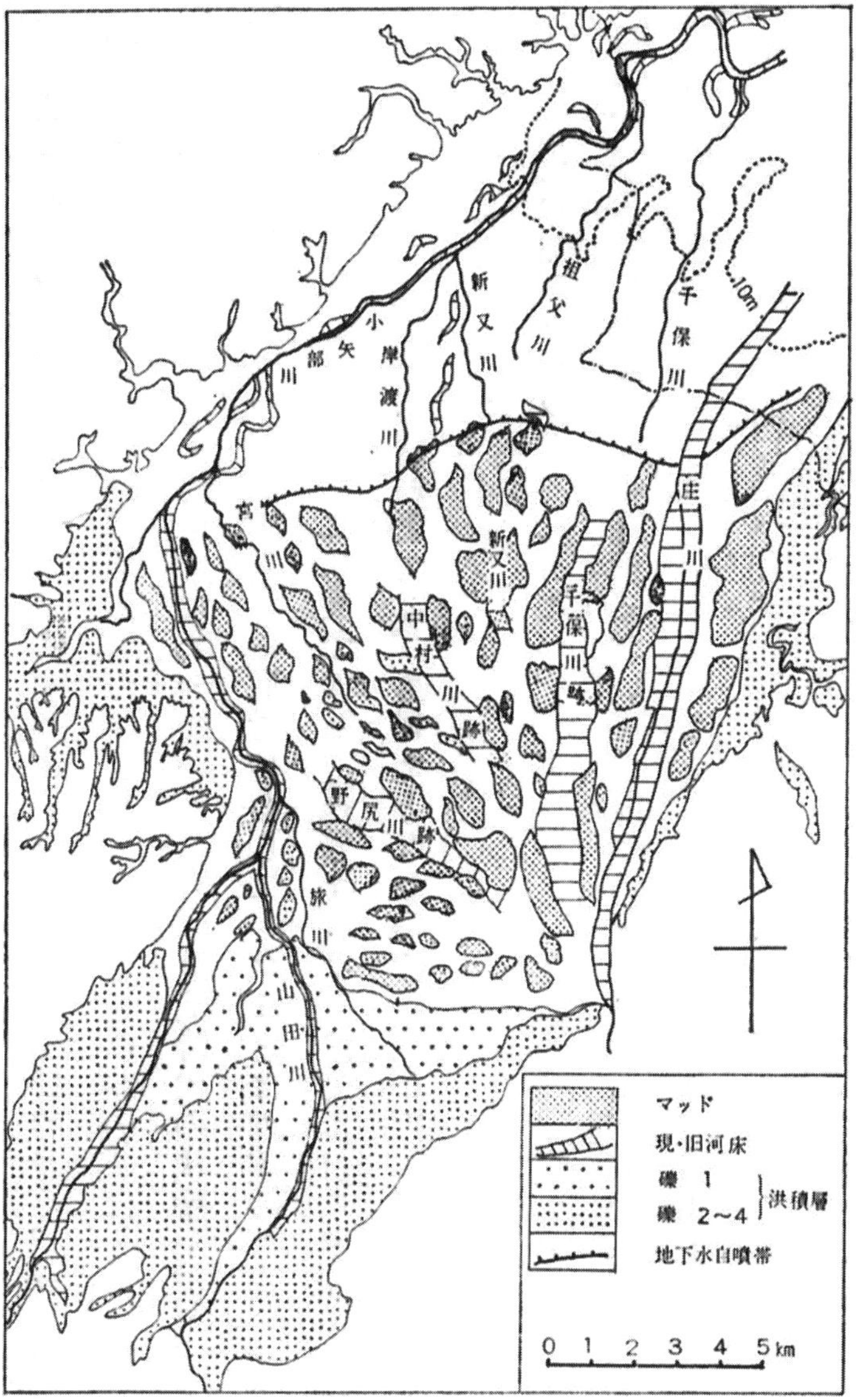

図 3-1　庄川扇状地上の表層地質（藤井昭二、1967 年、一部加筆）

図2－1によって説明した。これらは微高地とはいえ、大洪水の際には激流にさらされることが多いが、通常のわずかな増水などからは相対的に安全であり、生活の拠点としては有利な条件である。

扇状地は基本的に、洪水による砂礫質の堆積層で構成されているので、増水時を除いて多くの場合、地表水は乏しいが、浸透した地下水は豊かであるのが一般的である。従って、地表に湛水する必要がある水田耕作には不利である場合が多い。ただし庄川扇状地の場合は、傾斜の緩やかな大扇状地であることから、やや様相が異なった。通常は旧河道などを流れる小流があり、それによって地表水による灌漑や生活用水の利用が可能である場合があった。

さらに、これらの砂礫質中心に構成された旧河道や、旧河道に沿った低い微高地群の背後、さらに旧河道からやや離れた場所には、拡散した濁流の停滞によって沈殿した泥土が、地表に堆積した部分が存在する。このような表土は、しばしばパッチ状、あるいは島状に分布している。このような部分では、表土の堆積が、旧河道などに比べて、相対的に厚いことが多い。このように泥土が堆積した部分は、地表水の利用も容易で、耕作が可能であった部分でもあった。このような部分を、藤井昭二作製の表層地質図の分類・表現に従って「マッド」と呼ぶことにしたい。

このマッドの分布図に、元和五年（一六一九）『利波郡家高新帳』（富山大学「蔵川合文書」）に記載された村ごとの家高（家数）の分布を、図上で重ね合わせたものが図3－2である。

すでに前章において、元和五年の家高分布は平野周辺部に多く、庄川扇状地上に少ないので、扇状地上の開拓が相対的に遅れていたと見られることを指摘した。さらに、村の分布が列状に空白となっ

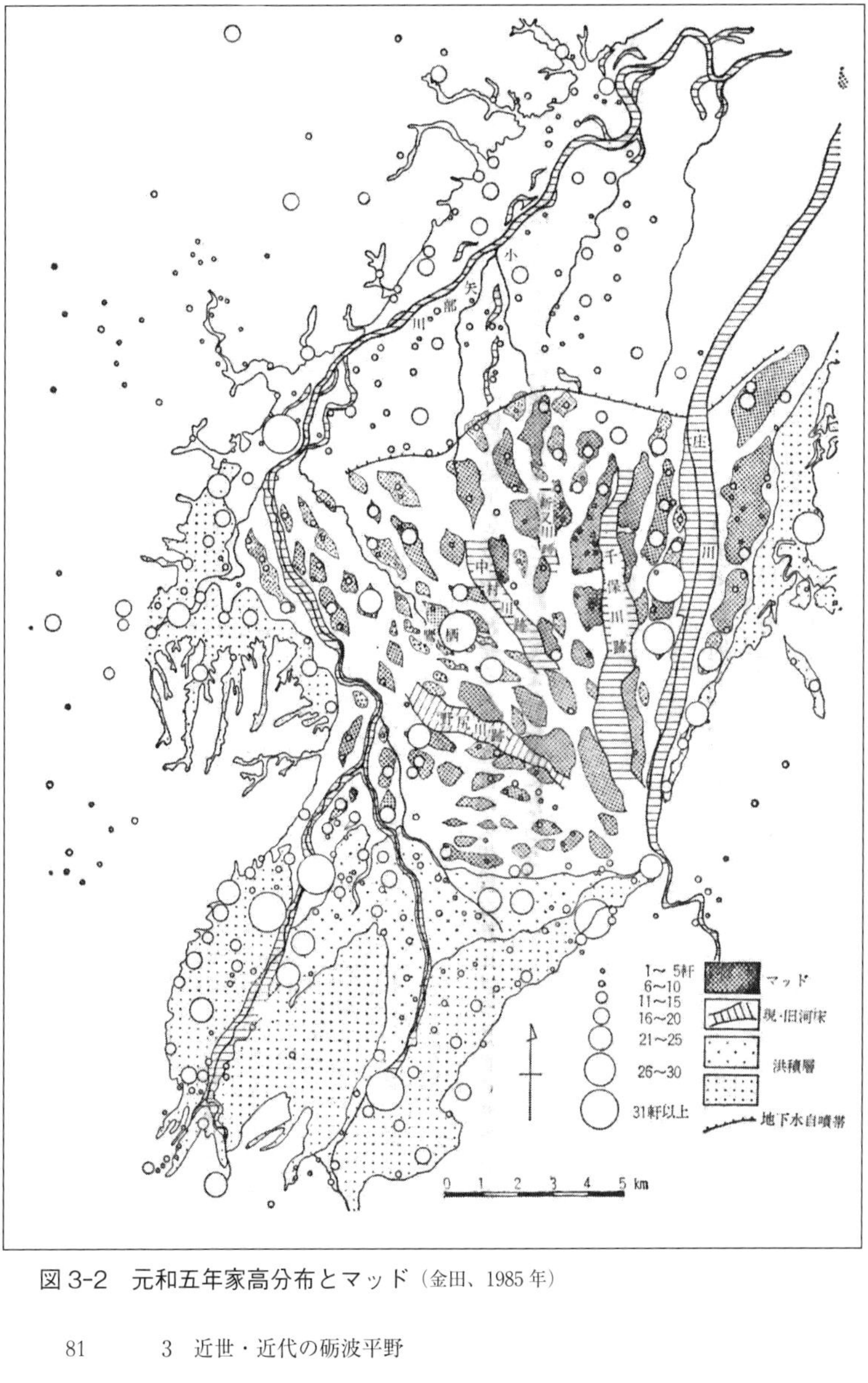

図 3-2　元和五年家高分布とマッド（金田、1985 年）

た部分があり、図2―14において、それが旧河道に対応するのではないかとも推定した。

この二つの状況を、図3―2においてあらためて確認し、推定が間違っていないことを確認することができる。旧河道の場合、開拓には表土の堆積が不可欠であったこともすでに述べた。

さらに同図によって庄川扇状地上では、家高が書き上げられた村々の中心部分は、ほとんどの場合、マッドの部分と対応することが知られる。言い換えると近世初頭までに、扇状地上であっても、マッドの部分には開拓・居住が及んでいたとみられることになる。さらにこの状況をもう少し詳しく、しかも具体的に検討することのできる事例がある。

近世初期の農家と表土

元和五年『利波郡家高新帳』記載の家高分布は、すでに述べたように、少ないながらも扇状地上に、すでにいくつかの村が存在したことを示している。この家高とは基本的に、石盛《こくもり》数十石ないし百数十石以上の、相対的に大規模な農地を所有する農家数であり、本百姓などと通称される存在と類似する。

庄川扇状地上でとりわけ家高が多いのは、鷹栖《たかのす》村（現・砺波市鷹栖）であり、三六軒にのぼる家高が記録されている。同村は中村川跡と野尻川跡の中ほどの扇央部に位置する。

さらにこの記録の三〇年ほど後になるが、鷹栖村では慶安四年（一六五一）の加賀藩による検地に際して、「人々持藪の内に」三一か所が「御藪《おやぶ》」として指定され、免租地とされた。このような、持藪の中に指定された御藪とは、面積二〇～二五〇歩の竹藪であり、藩に矢竹を上納するためであった。

以後これは、幕末まで変わることがなく維持されたという。

このような「持藪」とは農家の屋敷内の竹藪とみられ、それを所有している屋敷とは、元和五年の家高に算入されたような、相対的に規模の大きな農家だと推定されている。三一と三六という数の違いはあるが、鷹栖村の家高に算入された三六軒と、指定された三一か所の御藪とは、ほとんどの場合同じ屋敷とみなしてよいとみられている。

佐伯安一は、この御藪の位置を各種の資料や聞き取りによって推定した。佐伯によって推定された御藪三一か所の位置と、マッドの分布を対照すると、図3-3のような状況であった。

後に述べるような圃場整備の際には、重機によって砂礫や表土が大きく移動され、大区画の水田が造成された。それ以前の段階であった昭和四三年（一九六八）における調査によれば、旧・鷹栖村におけるマッドの部分には、同図のように宅地で五〇～六〇センチメートル以上、水田で二〇～三〇センチメートル以上の厚さの表土が存在することが確認された。マッドの部分は必ずしも平坦ではなく、全体としてわずかながら椀状の微高地、あるい

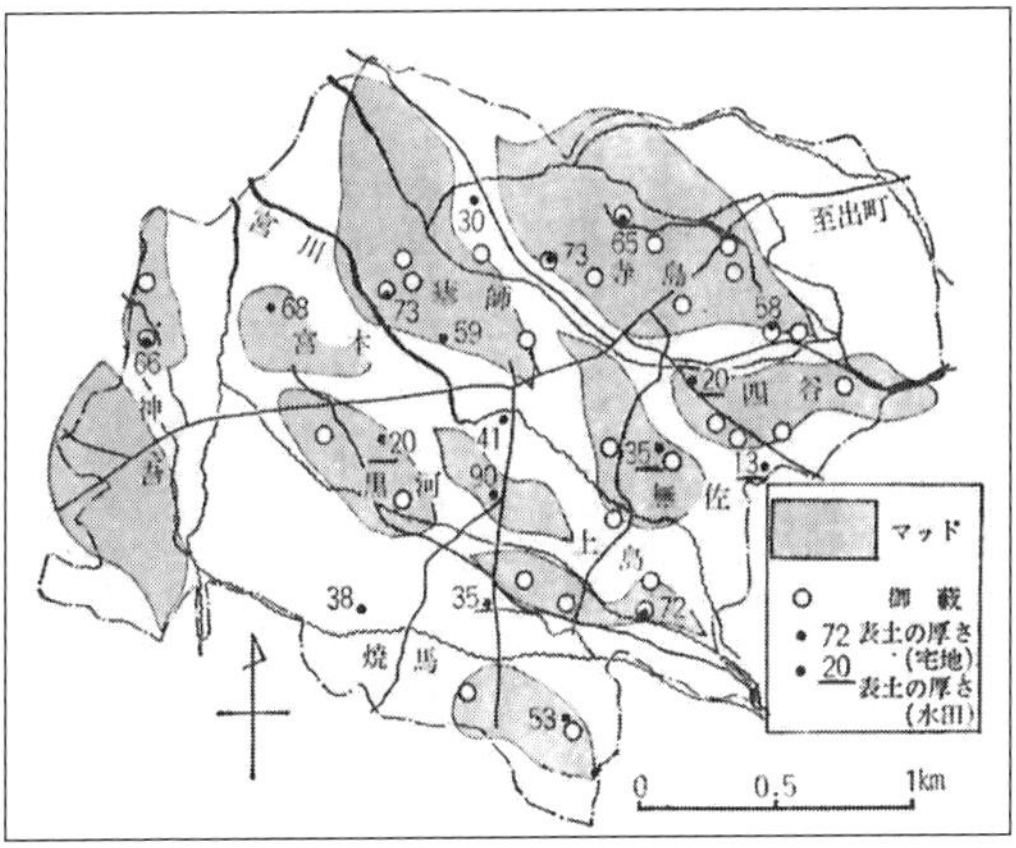

図3-3　旧鷹巣村の御藪とマッド（金田、1985年）

は椀状に窪んだ低地でもあることが多かったが、上流側からの用水を導入すれば水田耕作が可能となる土地でもあった。

同図のように鷹栖村の御藪は、村域に存在する多くのマッドに分散して分布していた。御藪が先述のように、ほぼ元和五年の家高に算入された農家であったと推定されるので、これらの相対的に大きな規模の農家が、同図の御藪と同様の分布であったとみられる。

近世初期の農民は、このようなマッドの部分に居を構え、周囲を開拓して農業を営んだものとみられる。換言すれば、庄川扇状地上においても、少なくともマッド付近では、すでに散村が出現していたことになる。

『鷹栖村史』によれば村全体として、村域北東部の小字「寺島」と「撫佐」の一部の開拓が最も古く、これらの東西の「四谷・瘧師《ぎゃくし》」などがこれに次ぎ、西南側の「黒河・焼馬」などは比較的新しい開拓とされる（図3－3参照）。これらの部分を中心に御藪が指定されるような農家が成立したものであろう。

これに対して、マッド以外の部分に網目状に広がった旧河道の分流跡の開拓は相対的に遅れたものであろう。鷹栖村東南部の小字「野村島」の開拓について、寛永九年（一六三二）、および同一三年の史料に、「石原之間へ庄川之泥を屯《ため》」、あるいは「石原之間々泥を屯、少し宛新開仕りたく」などとの表現のあることが指摘されている。洪水の濁流の拡散・滞留による泥土の堆積によって、特に庄川の現河道への変遷以後において旧河道やその分流跡への泥の堆積が進み、開拓が可能になった状況を説明している表現である。

水津一朗はこのような過程を、「庄川支流の寄州上に開拓の足場を固め、次第に「生活空間」を広げ、分家を放射していった歴史」ととらえ、小字地名に島と称する例が多いことからそれを一般化し、「シマの発展」として模式化した。

開拓によって増加した鷹栖村の石高は、正保年間（一六四四〜一六四八）に一四八六石、寛文一〇年（一六七〇）に三五三三石であったから、この間の三〇年弱に石高が倍以上となっている。一七世紀後半ごろにおいて、急速に開拓が進んだ結果とみられる。鷹栖村は扇状地上において、開拓が比較的早く進んだ地域の例であった。

このようにマッドの部分を中心に散村は出現していたが、庄川主流の旧河道部分では、先に掲げた図3－2のように、開拓が十分には及んではいなかった。散村分布、あるいは散村地帯の出現は、まだ限定的であったとみられる。

庄川新河道の固定と千保川跡の開拓

扇状地上の旧河道は、これまで述べてきたように、一七世紀前半ごろまでほとんどが未開拓のままであった。洪水の度ごとに流路となり、表土の堆積が進まなかったのが主な原因であったこともすでに述べた。

庄川の現在の河道は、天正一三年（一五八五）の大地震による山崩れと、その後の大洪水によって出現したことも、すでに紹介した。その直前における、庄川の主流は千保川であり、洪水の際には依然として、それ以前の旧河道にも洪水流が流入していたとみられる。

承応二年（一六五三）には、加賀藩は新しい庄川下流の柳ケ瀬（砺波市柳瀬）付近において、新河道の河床の掘り下げ工事や、増水時にのみ千保川へと越水して水量を調節することをもくろんだ。その際「桝形川除普請」などと呼ばれる工事が行われたが、効果は限定的であったようである。明暦元年（一六五五）の大洪水によって、再び千保川へと大量の河水が流入することとなった。

加賀藩は方針を変更し、寛文一〇年（一六七〇）には、庄川新河道と千保川の分流地点を分離する工事を開始した。『庄川町史』によれば図3-4のように、分流地点付近の千保川西岸に石堤を築いて千保川の河道を限定し、さらに庄川新河道西

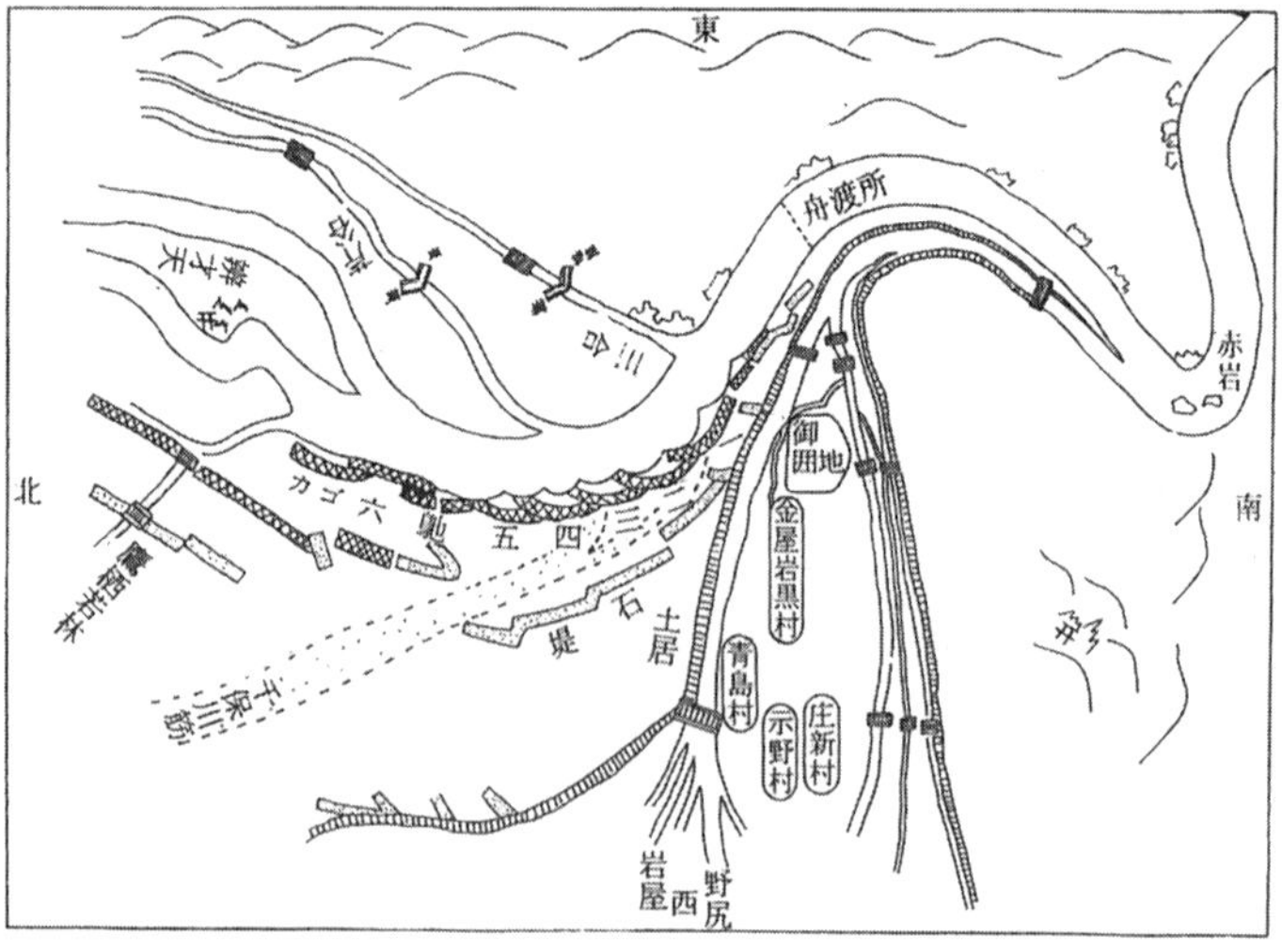

図3-4　千保川分水工事（庄川町史編さん委員会、1975年）

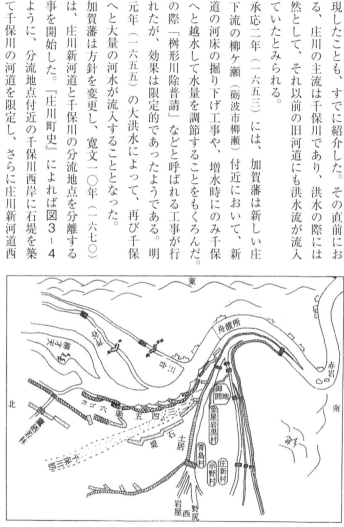

岸に「一の輪」から「六の輪」と呼ばれた湾曲した堤防を連ねて千保川への水流を締め切った。同図のように、短い筋違堤を湾曲させて連続した形状の締め切り堤であったと復原されている。聖牛《ひじりうし》の小型のような「鳥足（サンケ）」と呼ばれる立体的な三角形の骨組み施設（図３－５参照）と蛇篭《じゃかご》を組み合わせた堤防であったとされる。

さらにその下流側にも何本もの筋違堤を築いたことも、「砺波郡庄川千保川筋御普請所等絵図」（砺波市蔵、庄川水資料館展示）などが克明に描いている。この一連の工事には、開始から正徳四年（一七一四）にかけて、四〇年以上を要した。これらの堤防には根固めとして松が両側に植えられたので、やがて「松川除」（川除は堤防の意）」（写真３－１参照）と通称されることとなった。

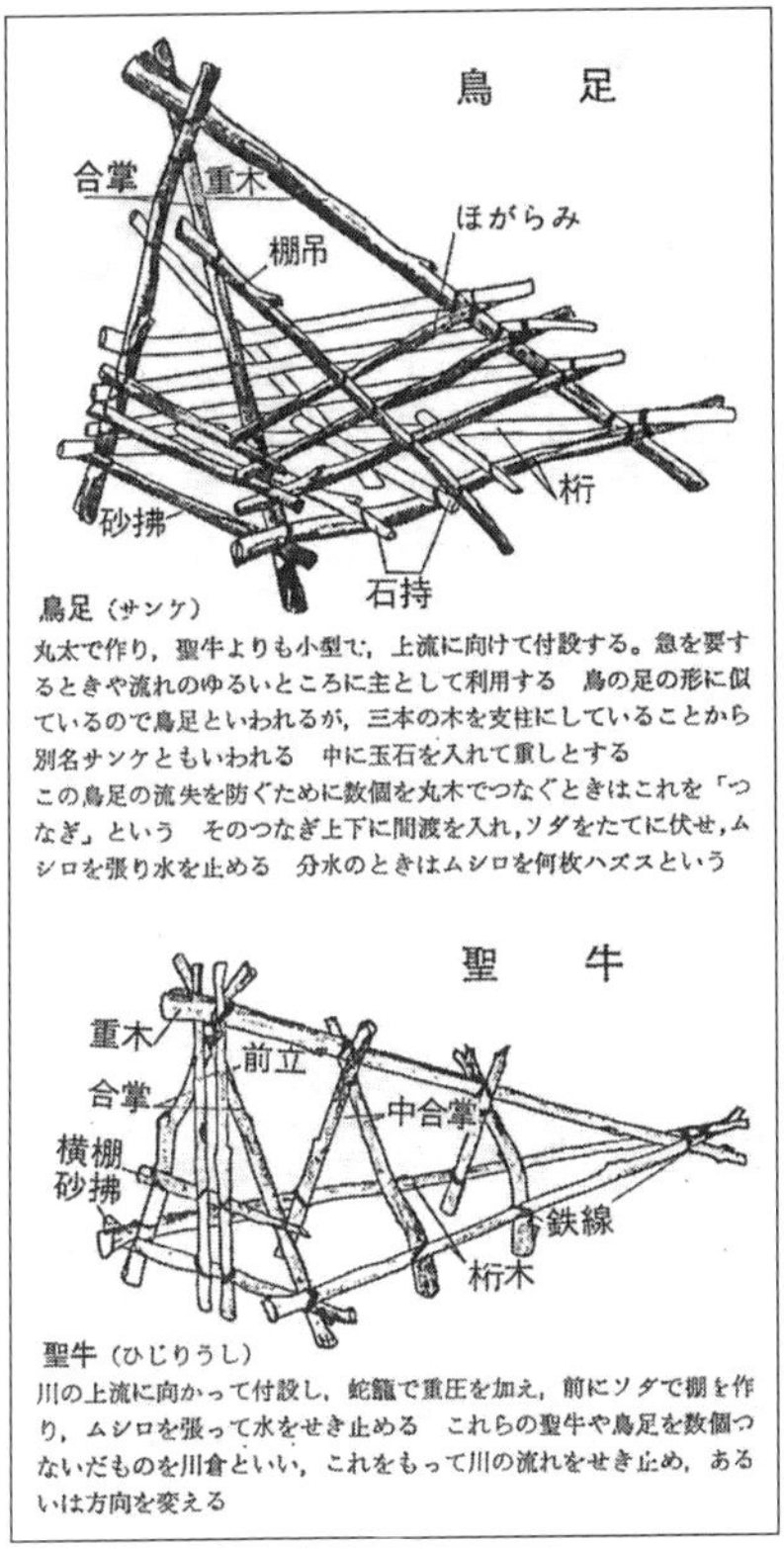
鳥　足
合掌
重木
ほがらみ
棚吊
桁
砂拂
石持
鳥足（サンケ）
丸太で作り，聖牛よりも小型で，上流に向けて付設する。急を要するときや流れのゆるいところに主として利用する　鳥の足の形に似ているので鳥足といわれるが，三本の木を支柱にしていることから別名サンケともいわれる　中に玉石を入れて重しとする
この鳥足の流失を防ぐために数個を丸木でつなぐときはこれを「つなぎ」という　そのつなぎ上下に間渡を入れ，ソダをたてに伏せ，ムシロを張り水を止める　分水のときはムシロを何枚ハズスという
聖　牛
重木
前立
合掌
中合掌
横棚
砂拂
鉄線
桁木
聖牛（ひじりうし）
川の上流に向かって付設し，蛇籠で重圧を加え，前にソダで棚を作り，ムシロを張って水をせき止める　これらの聖牛や鳥足を数個つないだものを川倉といい，これをもって川の流れをせき止め，あるいは方向を変える

図 3-5　鳥足と聖牛（庄川町史編さん委員会、1975 年）

写真 3-1　昭和初期の松川除（高井進監修、1993 年）

加賀藩は、柳ケ瀬での桝形川除普請の継続断念を経て、新しく生じた庄川河道（現河道）を固定することに方針を転じ、旧河道へ洪水が及ぶのを防ごうとしたことになる。この転換の理由の一つは、千保川下流における藩主前田利常の兄、利長の菩提寺として造営（正保二年（一六四五）から）し始めた、瑞龍寺への洪水を避ける意図もあったとされる。

このようにして庄川が現河道へ固定された後の享保一一年（一七二六）、千保川跡を対象として、四五〇〇石の請高新開が企てられた。しかし千保川跡自体の新開はほとんど進まず、分流跡あるいは縁辺の開拓が先行した。千保川跡は旧河床に堆積した石や砂のままで、まだ水田とするのに必要な泥（表土）がたまっていなかったものと思われる。

近世初期までは表土が堆積したマッドの部分の開拓が先行し、旧河道の部分の開拓は進んでいなかった。理由には先に述べたように、全体として泥の堆積の進み具合が関わっていたものであろう。ようやく千保川跡の本格的な開拓が進行したのは、庄川固定から約一〇〇年を経た、文政三年（一八二〇）以後であった。

新河道に集落の東側の田地を蚕食され、一方で西側の旧河道の開拓が進んだ太田村の場合も、集落に近い部分から次第に旧河道中心付近へと開拓が及んでいたことはすでに紹介した（図２－２参照）。この場合も、泥の堆積状況が関わっていたものであろう。太田村と千保川を挟んだ西側の庄下村の場合、この経過がさらに詳細に知られる。

庄下村（現・砺波市庄下）領千保川跡新開絵図（個人蔵）によると、ほとんど未開であった文化九年

（一八一二）からの開拓の進展状況を順次記載している。新開は条件の良いところ、つまり耕作の可能なだけの表土が堆積したところから、ほぼ無秩序に耕地片を切り取る形で進行している。これらもまた旧河川敷における新開が表土の堆積を不可欠としていたことの反映であろう。

このような千保川跡では、一時にまとまった開拓が難しく、太田村や庄下村のように川沿いの村々の切添えの形の開拓となった。加賀藩の方針も新村設立を認めなかった。その結果、現在でも千保川跡は、農家の分布がほとんど見られない帯状の部分となっている。

近世新村の展開

近世初頭の砺波郡では、先に紹介した元和五年（一六一九）の村の総数が四二九村であった。それが近世末の慶応三年（一八六七）には、七〇〇村に増加していた。この間、南部山間の五箇山一帯における、七〇村の村数に変化がなかったので、平野部において二〇一村の新村が成立していたことになる（約四七パーセント増）。ほぼこの間に、砺波郡全体の石高も約三五パーセントの増加を記録している。

これらの新村は図3‐6のように分布していた。新村が多いのは、扇状地上の旧河道沿いや南側の扇側部、および平野東端の芹谷野、および南端に広がる小矢部川・山田川間の山田野であった。

扇状地上の旧河道の開拓や新村についてはすでに述べたように表土（泥）の堆積が不可欠であった。これに対して、山田野・芹谷野はやや標高の高い、古い時期の堆積による洪積台地上であり、水田開

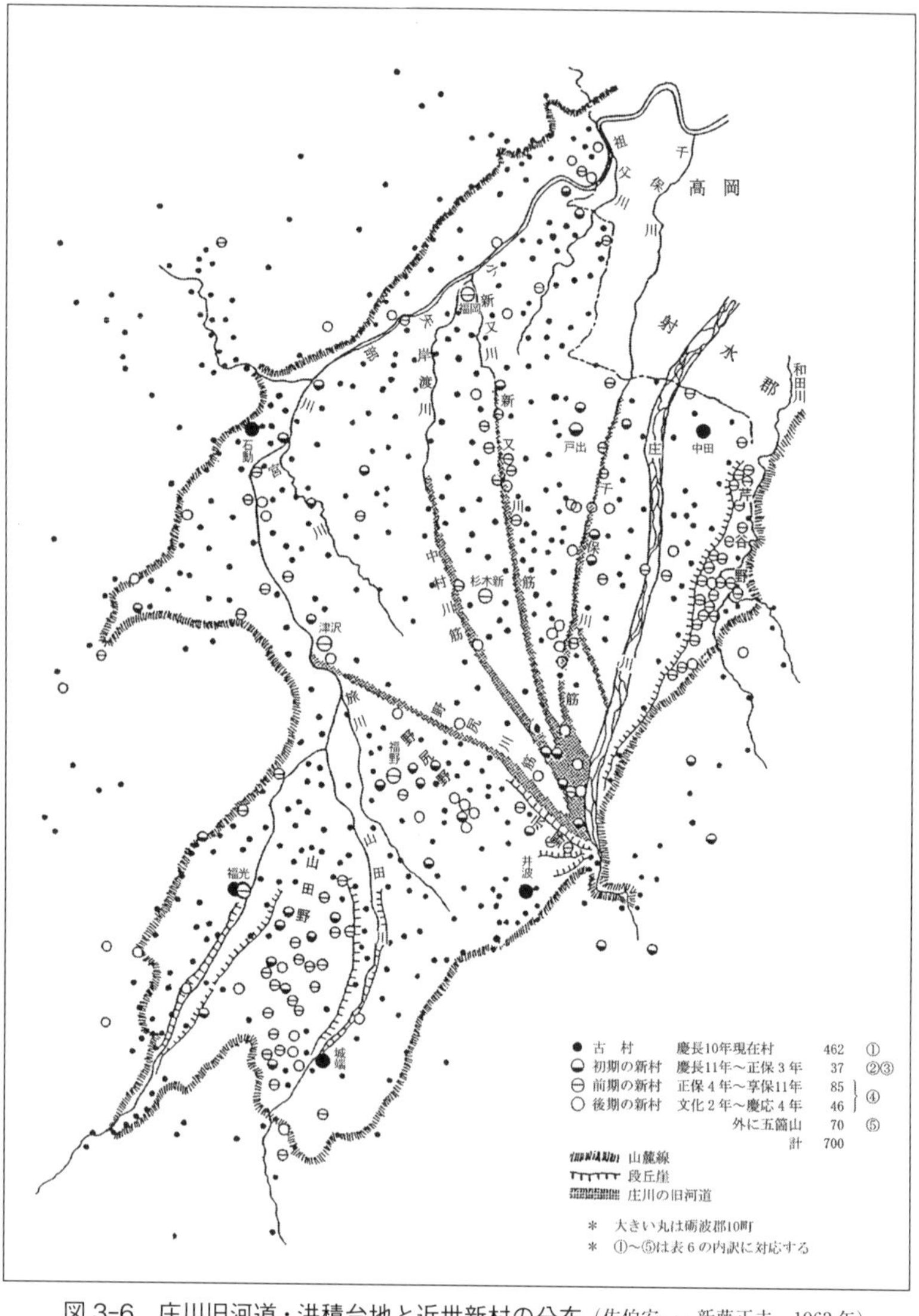

図3-6　庄川旧河道・洪積台地と近世新村の分布（佐伯安一・新藤正夫、1963年）

拓には用水路の開削が必要であった。このような洪積台地上の開拓の場合、寛文三年（一六六三）の芹谷野用水開削による芹谷野段丘上の開拓、および寛文一二年の山田新田用水開削による山田野の開拓が、いずれも規模が大きく代表的な例であった。

芹谷野では、佐伯安一の整理によると、寛文四年に二〇か村が成立し、さらに貞享四年（一六八七年）までに四か村が加わった。新開高は各村一八〜五三八石余とさまざまであったが、計二四か村の合計は四二〇八石余に及んだ。

これらの新村は芹谷野段丘崖下の村々を母村とするものが多かったが、このうち安川新、徳万新、宮森新、中条新、石坂新、東保新、今泉新、滝新、串田新などは、庄川の現河道への変遷によって大きな被害を受けた、同名の村々が母村であった。また、これらの芹谷野段丘上の新村の多くは、用水路沿い、あるいは道路沿いに列状の集落を形成し、扇状地上の村々のような散村形態ではなかった。

もう一方の山田野の場合、請高《うけだか》五〇石の「頭百姓」六人と、請高二五石の「下百姓」六八人からなる縄蔵新村・大池新村・細木新村・大塚新村・大窪新村・山田新村など計六か村一五七五石と、周辺村の畠直し高（畑を水田に転換した石高）四二五石を合わせて総計二〇〇〇石であった。

佐伯は、「居屋敷は村領のうちちりちりにして、くじ取の上渡す」と記した史料を指摘している。さらに、下百姓は家族二人に下人二人と馬一匹ほどの規模であり、頭百姓はその倍ほどの規模であったと紹介している。つまり散村の集落形態を採用したこと、また農家は請高に応じた経営規模であったことを指摘している。

このような近世新田村の成立によって、集落形態には芹谷野のような例外はあるが、散村は砺波平野のほぼ全域へと展開した。これには加賀藩の政策的な誘導もあった。

前章で紹介した牧野は「加賀藩の宅地政策」について、「其の村の内、ちりちりに相立」、「新屋敷（中略）大体、家立より五十間ほどまばらに」などと表現した史料を挙げている。その中には、「悪水の義は田地養いに相成候」あるいは「新屋敷の義は作所手遠のところに付」といった理由を示している史料が含まれていた。

つまり、新たな屋敷をつくる場合、既存の屋敷から五〇間（九〇メートル）ほど離れた場所とすること、それが耕作に便利で、かつ悪水（排水）が田の涵養と肥沃化に役立つことなどを指摘していた。屋敷から出る排水の効能、散村における屋敷周辺の耕作の利便性などを認識していたのである。散村の農耕に有利な機能を指摘していたと表現してもよいであろう。

さらに、加賀藩農政による「田地割」と称する水田の割替え制度については、砺波平野においても実施されたが、割り替え後も自宅周辺に自作地を集める慣行（「引地《ひきじ》」と称した）を容認した。このことも、農家周辺田地を耕作することの有利性を認識した上記の方針の延長上にあった。これらはいずれも、散村の集落形態を拡大し、維持する方向を促すことにつながった。

このようにして砺波平野では、近世末頃までには大河川の治水事業も行われ、住居の周囲を耕作する農家が散在する散村が、南側の洪積台地を含む平野全体に広範に展開した。

2　砺波散村と屋敷林

屋敷林の起源

鷹栖村の「御藪」は、加賀藩による慶安四年（一六五一）の指定であり、目的が矢竹用の竹藪であったことはすでに述べた。この時点での詳しい御藪の樹種構成は不明であるが、この時期から二〇〇年近く経った天保七年（一八三六）には、鷹栖村の御藪三一か所についての詳細な調査資料の存在が知られている（「山田文書」）。御藪がほぼ優力な農家であったこともすでに述べた。

新藤正夫と安カ川恵子の整理によれば、御藪三一か所は面積が三〇〜二五〇歩、計三九〇八歩（平均一二六歩（四一六平方メートル））であった。この際の記録には御藪の竹の調査結果もある。総数は、唐竹《とうちく》（節間長く矢竹用）二五三七本、淡竹《はちく》（堅く節に二環、加工用（矢竹用を含む）、たけのこ用）二二九七本、唐竹・淡竹混合二二五八七本など、計七四四七本（平均二四〇本）であった。

御藪には、竹のほかに樹木もあったことに注目したい。この資料には、スギ二四〇一本、アテ（檜《ひのき》の一種）五〇七本、ケヤキ一〇七本、マツ八本、カシ五本、クリ八本、キリ二本、雑木三二九九本など、計六四〇一本（平均二〇六本）もの多くが記録されている。藪というより、むしろ実態は屋敷林と表現すべき樹種構成である。

このほか、加賀藩内の各郡によって樹種に違いがあるが、藩は「七木」を指定しており、郡奉行のもとで、管理に当たらせた。対象は、砺波郡では「松・杉・桐・樫・檜・栗・欅」であった。右の御藪の調査記録ではこの七木のすべての樹種が書き上げられているが、特にスギ（三八パーセント）・アテ（檜の一種、八パーセント）・ケヤキ（二パーセント）が多く、マツ・カシ・クリ・キリが少ない。各御藪の樹木数は、平均するとスギ七七本、アテ一六本、ケヤキ三・五本となる。

　さらに、この調査資料には見取り図が付されており、例えば「甚五」の御藪（面積一七〇歩（五六一平方メートル））は図3－7のような状況であった。家の西と北が御藪に指定されており、淡竹・唐竹一一八五本が生えていたと記録されている。屋敷の東側が「入口」であり、「家」のほか三棟の「ナヤ」（天保七年）などがあった。北側には、御藪に取り囲まれるように「坪《つぼ》（家庭排水の溜り）」があり、水路で屋敷外へ導かれていた。

　この調査資料では甚五の御藪にも、竹のほかに、スギ三二本、ケヤキ一一本、ヒバ七本、アテ一本が記録され

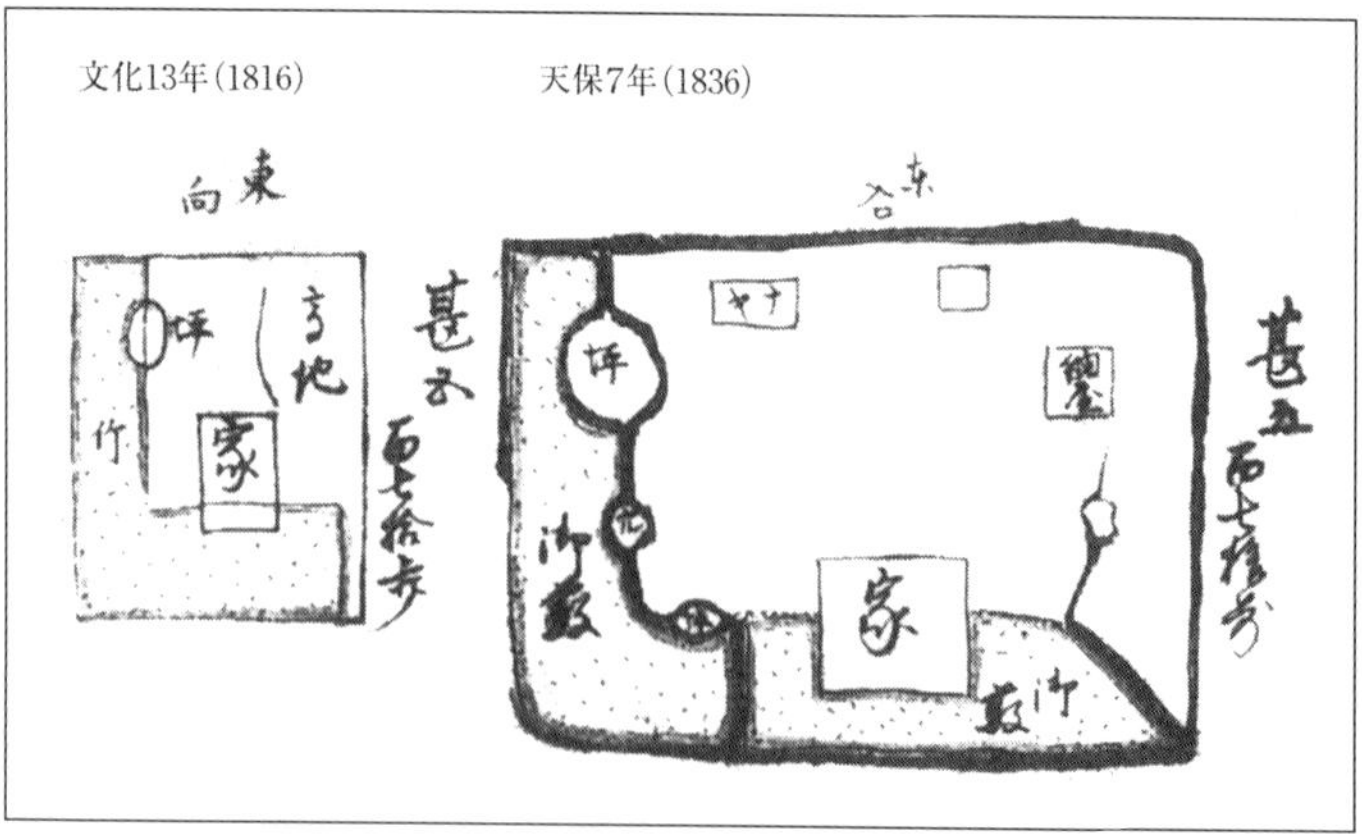

図 3-7　甚五の屋敷と御藪（「山田文書」による。新藤正夫・安カ川恵子、2011 年）

ている。この御藪もまた、各種樹木が混在した屋敷林であったことが知られる。

樹木の大きさも調査対象であったようであり、鷹栖村全体で三二五九本の内、「目廻り（大きさ）」は周囲三尺（約九一センチメートル）以上がわずかで、三分の二が九寸（約二七センチメートル）以下であった。この調査時点では若木が多かったことになろう。鷹栖村では記録が残っていないが、隣村では藩の指示によって一斉に樹木を伐採した例が知られているので、鷹栖村でも用材として一斉に伐採され、新たに植樹された結果であった可能性がある。

このように御藪とは、実質的な屋敷林を藩が指定した竹藪としての呼称であるが、史料には御藪ないし屋敷林を指したとみられる別の表現もある。「垣根之木」（寛延三年（一七五〇）「川合留帳」）や「垣根之杉」（弘化四年（一八四七）「太田村金子文書」）といった記載である。佐伯安一はこの「垣根《かきね》」の表現が、現在でも砺波の屋敷林を「カイニョ」と呼ぶ呼称の由来であろうとする。

前者の史料にはさらに、「垣根之木」が「村立見隠（村の様子の目隠しの意か）」であるとの表現がある。確かに同一の地上面から、離れて散村を見ると屋敷林が連なって森林のように見え、農家の状況がわからない。

あるいはまた、「火除風除（防火・防風）」にも有用であるとも記している。屋敷林が「風除（防風林）」の機能を有していたことは、先に述べた松江平野の築地松が典型的であるが、近年の総合地球環境学研究所の調査報告では、砺波平野でも屋敷林の風下側において、屋敷林の高さの一〇倍程度の範囲での防風効果があると報告されている。

なおこの調査報告には、「温熱環境」つまり保温・保冷効果についての調査も含まれている。屋敷林が外壁等に当たる日射量を大きく抑制していること、特に午後の西日が抑えられていることによって、夏季の室内の日中温度上昇が抑えられ、快適であるとされている。

「垣根」の表現が見られる寛延三年川合留帳には、「風除」とともに「火除」とも記されている。防火機能が指摘されている例は、すでに紹介した諸事例には見られなかった。ただし、近世の砺波散村は基本的に茅葺の農家であったことからすれば、フェーンの乾燥した強風の際における火事の発生に対しては、屋敷林によって火元からの火の粉の付着を防ぐ、一定の防火効果はあったとみてよいであろう。

以上の例のように、御藪が竹と各種樹木の混成であったこと、また「垣根の木」といった表現があること、防風などに有用であったと記していることなどが知られる。また屋敷林の起源は、遅くとも御藪と同じ、一七世紀中ごろまでは遡るものであったと思われる。

屋敷林の構成

屋敷林の樹種について、舘明の報告（一九八八年）によって概観しておきたい。調査対象の鹿島《かのしま》地区（砺波市鹿島）は出町市街の東南方にあたり、庄川扇状地扇央部である。農家数四六戸からなる、やや分布密度の高い散村地帯であり、調査が行われた一九八〇年代に、この地区では次のような状況であった。

鹿島地区の樹木総数は五〇九二本、樹種は一四二と多数に及んだ。この内、スギが一〇一〇本

（二〇パーセント）、マツ四三一本（八パーセント）、ツツジ二六〇本、ツバキ二一二本、カキ一七三本、ヒバ一五三本、イチイ一三四本、ナンテン一二本、モミジ一一四本、カナメ一一二本、シラカケ一〇七本、アオキ一〇二本、カシ一〇一本、ヤドメ一〇〇本などとなっていた。

先に述べたように鷹栖村の御藪では、天保七年（一八三六）にスギ（三八パーセント）・アテ（八パーセント）・ケヤキ（二パーセント）であったから、一九八〇年代の鹿島地区では、これらの樹種のいずれもそれよりは比率が下がり、樹種がより多様であることになる。

鹿島地区の調査結果では、多い方から三〇位までの樹種には、スギ・マツ・ヒバなどの高木種の針葉樹が六種、ツツジ・ツバキ・イチイ・ナンテンなどの鑑賞樹（庭園木）が二二種、果樹二種（カキ・ウメ）などが含まれていた。

個々の屋敷林を見ると、①スギ中心の場合、②好みの樹種や鑑賞樹を導入したもの、③多種の樹種からなる場合があり、ほかに、④樹木なし、といった計四類型があったとされる。

この類型の①が従来からの屋敷林の様相であり、②は積極的に樹種を選択している場合である。③は手入れのよくない放置型に多く、④は新築住宅で、夏用のクーラーや、冬用の防雪・防風のためにアルミサッシの戸・窓を備えて、屋敷林をなくした例である。この④の例からは逆に、屋敷林には夏の保冷、冬の防雪・防風、といった機能があったことを知ることができる。

鹿島地区には伝統的なスギ中心の屋敷林があった。特に樹木数が多い農家では、樹木総数一三三本に及び、直径一〇センチメートル以上のものが九二本もあった例が報告されている。この例ではスギが

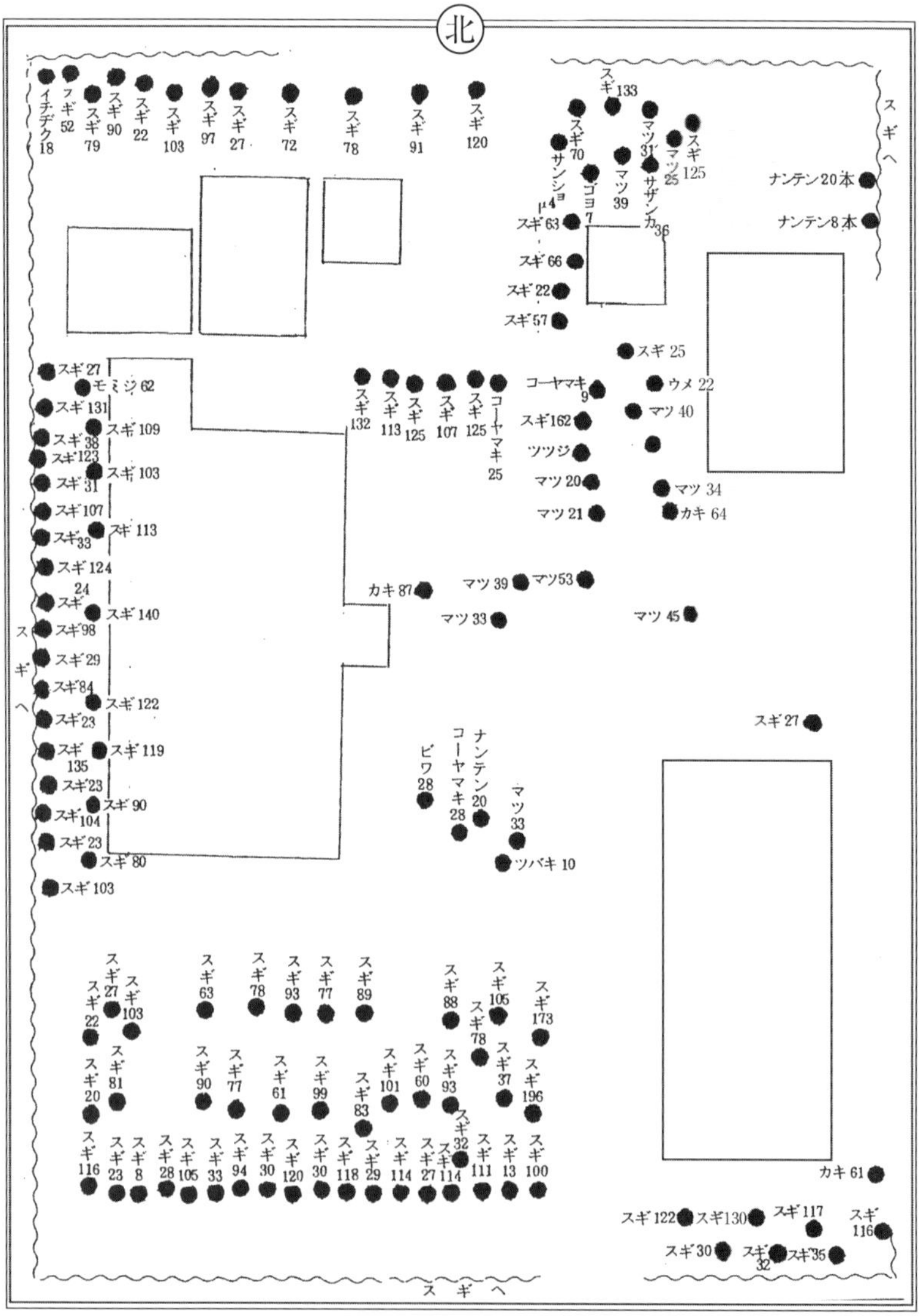

図 3-8　スギ中心の屋敷林〈砺波市鹿島〉（舘明、1988 年）

七八本（八五パーセント）であり、ほぼ方形の屋敷の南側に三列、西側に二列、北側に一列に植栽されていた（図3－8）。母屋の前庭にあたる東側にはマツや果樹・庭園木が多く、スギはわずかであった。砺波平野の屋敷林は南側と西側にスギをはじめとする高木が多く、北側がこれに次ぐのが普通であり、東側には果樹や鑑賞樹が多い。東側のほか、南側の高木と家屋の間に庭園がこしらえられている場合もある。

南側・西側の高木樹列は、砺波平野南方の山地から吹き降ろすフェーン現象と呼ばれる南西の強風や、砺波市南部の「井波風」と呼ばれる地方風を避ける目的があったとみられている。北側・西側の高木列は冬の北西季節風が対象であった。

先に紹介した総合地球環境学研究所の調査報告においても、日本各地に比べて

写真3-2　砺波の屋敷林（上）ケヤキ中心の屋敷林、（下）スギ中心の屋敷林

砺波平野は、「毎年同程度の強風がコンスタントに吹いている地域である」と推定され、風向は多い順に西南西、西、南であったとされている。

屋敷林を伴った砺波散村の農家は、例えば写真３－２のような様相である。同写真上は樹冠が丸く広がって見えるケヤキやカシなどの広葉樹を中心に多様な樹種からなる。同写真下は、一見して杉が多いことが知られるが、スギ・アテなどの針葉樹のみならず、広葉樹も混在している。

農家の母屋はもともと茅葺の合掌造りであったことはすでに述べたが、構造も特徴的であった。建物の中央部には大国柱《だいこくばしら》（上大国・下大国二本の場合が典型的）が立てられ、幅の広い貫《ぬき》で四方を囲んだ、頑丈な「枠《わく》の内《うち》造り」と呼ばれる構造を有するのが伝統的である。貫の上には、太い丸太の縁を一部残してほぼ四角にした梁《はり》と桁《けた》が渡されている状況をそのまま見られるのが普通の構造である。

梁と桁の上の天井は、二階の床がそのまま見える形であり、隙間をとって渡された細い板や竹簀の上に莚《むしろ》を張ったものが一般的であった。通風を考慮した二階は、スギの枝葉や茅などの乾燥・貯蔵用であった。

茅葺の合掌は、近代以後に相次いで瓦葺に変えられたが、枠の内の

写真 3-3　アズマダチの民家

写真 3-4　マエナガレの民家

構造は基本的に残された。多くの場合、瓦葺に変更する際には、大きな屋根の妻側の正面を東に向けた「アズマダチ（東建ち）」（写真3－3）や、東側正面が平入の「マエナガレ（前流れ、マエオロシとも）」（写真3－4）などの屋根型となった。とりわけアズマダチは、大きな妻の部分に見える柱と梁の方格と、その間の漆喰壁の白が印象的な構造である。

いずれにしろこれらの母屋はいずれも東向きであり、先に紹介した果樹・鑑賞樹の多い東側が前庭であった。高木樹が存在するのは基本的に南・西・北の三方であることはすでに述べた。

屋敷林の杉

砺波平野において、伝統的な屋敷林を構成した樹種にはスギが多かったことは、鷹栖村の御藪や鹿島地区の調査結果から知られたところである。加賀藩がスギを「七木」の一つとしていたこともすでに紹介した。スギは日本各地に広く自生している高木の針葉樹であり、非常に用途の多い樹木でもあった。

かつて杉本尚次は、東北の胆沢《いさわ》扇状地はじめ、青森東部、東海の尾張一宮・岐阜付近、富士山御殿場付近、北陸の砺波平野・黒部川扇状地・常願寺川扇状地などや、九州の阿蘇カルデラ南部・都城盆地・高千穂・椎葉などに、スギ主体の屋敷林があることを確認した。これらの地域のほか、福島県相馬郡石神村、武蔵野台地、関東平野西南部、大宮付近、鈴鹿山地東麓、岡山県北部、隠岐、松山平野などにも、スギ・ケヤキ・カシ・マツ・竹などの複数の樹種からなる屋敷林が存在することをも指摘した。

第一章で紹介した胆沢扇状地のエグネの場合も、中心になっているのはスギであった。『仙台市史』は仙台市内における、樹木総数が一六二本からなる屋敷林の例を紹介しているが、その内では、スギが三一本（二〇パーセント）であったとされる。次いでヒバ二一本、ヒノキ一〇本、ツバキ一〇本、カキ一〇本、ウメ一〇本、マツ八本、ケヤキ七本などであった。比率は異なるがこれらの樹種は、針葉樹・広葉樹・果樹・鑑賞樹などであり、砺波平野の場合と類似する。

二〇パーセントというスギの比率は、先に紹介した砺波平野の鹿島地区における、屋敷林全体に占める比率と同様である。ただし鹿島地区の樹木総数一三三本からなる屋敷林の例は、スギが八五パーセントを占め、極端に高い比率であったことはすでに紹介した。

仙台藩もまた加賀藩と類似して、藩は、主な樹種を「御留木《おとめぎ》」とし、藩が用いる樹木として指定していた。有岡利幸の紹介によれば、農家のエグネ（居久根）もその対象となり、マツ・スギ・ヒノキ・モミ・カヤ・ケヤキ・カツラ・キリの八種の樹木を、許可なく伐採することが禁止されていた。

また同藩では、正徳二三年（一七一二）の「御村方万御仕置《おんむらかたよろずおしおき》」に、「杉の事、当年より才覚次第に年々植え候間、給人、百姓ともに用いるところ相定めるべきこと」とあり、スギが特定されて、その植林が推奨されていたことも知られる。

砺波平野の屋敷林でも、加賀藩の「七木」指定などもあって、スギが多かったことは繰り返すまでもない。第二次世界大戦中の昭和一七年（一九四二）には、「屋敷林供木運動促進」について、富山県知事示達などの指示が出された。この翌年には、戦争協力として強制的に「木材の供出」が行われたことも知られる（「鷹栖村役場文書」）。この折の伐採対象は直径一尺五寸（約四五センチメートル）以上のスギであった。

さらに翌年・翌々年と、神社の社叢のスギも含めて木材供出が進んだ。これらの伐採の後には、再びスギ苗が植えられた。このときに植樹された苗が育ったスギが、先に紹介した鹿島地区におけるスギであった可能性が高く、それが一九八〇年代末の調査時点の屋敷林に多かったとみられることになる。

屋敷林の伝統的利用

砺波散村の屋敷林は、竹藪・スギが代表的であるものの、かなり多様な樹種で構成されていたことを確認してきたが、その用途や利用についても触れておきたい。

竹は、加賀藩の御藪に指定された矢竹用のほかにも、農作業の刈りとった稲を乾燥するための稲架の材料をはじめ、農家の天井兼物置床材や竹簀材料などとして、さまざまな用途に使用されてきた。竹を農作業や建材に使うことが少なくなった現在でも、砺波散村の屋敷林の一部には竹林が維持されていることが多い。竹材にはほかの用途もあり、垣根の柵や、冬の積雪に対する庭木の補強材などに使用されるほか、竹林では食用となるたけのこも収穫できるからである。

一方、屋敷林を構成する高木は、数十年~百年もすれば大きな樹木となり、伝統的な農家にとって

京都を学ぶ【洛西編】
文化資源を発掘する

京都学研究会 編
978-4-7795-1467-8

名勝・嵐山で知られる洛西。桂川，渡月橋，竹林と竹の伝統工芸，蚕の社こと木島神社，古刹・清凉寺の歴史，神足空襲，そして天龍寺をはじめとする庭園文化など，多様な視点から洛西の文化的景観を探求！「京都の文化資源」発掘シリーズ第４弾。　(2020.4)

A5判　200頁　2200円

京都を学ぶ【南山城編】
文化資源を発掘する

京都学研究会 編
978-4779-5-1363-3

古来より京都と奈良を結ぶ回廊地域・南山城。木津川，緑茶，恭仁京，飛鳥仏教，名勝地笠置，流れ橋など，南山城の文化的景観を掘り下げる！「京都の文化資源」発掘シリーズ第３弾。
(2019.3)

A5判　184頁　2200円

京都を学ぶ【丹波編】
文化資源を発掘する

京都学研究会 編
978-4-7795-1259-9

山国・京都丹波を再発見！　平安仏，明智光秀の統治，グンゼと蚕糸業，保津川下りなどなど，山里に刻まれた歴史・文化を掘り起こす。(2018.3)

A5判　216頁　2200円

京都を学ぶ【洛北編】
文化資源を発掘する

京都学研究会 編
978-4-7795-1116-5

京都にはまだまだ多くの「宝」（文化遺産）が眠っている。北山のヤママユが紡ぐ絹糸，葵が繋ぐ賀茂祭と将軍家，大原勝林院の秘仏，京と洛北の村の正業，雑煮と納豆餅の間に隠された関係等々，洛北に眠る豊かな自然・歴史・文化を深く探求する。　(2016.12)

A5判　224頁　2200円

葵祭の始原の祭り　御蔭祭を探る
世界文化遺産・賀茂御祖神社（下鴨神社）の祭り

新木直人 著
978-4-7795-0317-7

葵祭（賀茂祭・５月15日）として親しまれている祭りの始原とされる御影祭（御生神事・５月12日）について，新木宮司自らが現在の祭祀儀礼の全容と各時代の変遷を，同社の貴重な記録文書と絵図で明らかにする。　(2008.12)

A5判　194頁　1900円

京都　まちかど遺産めぐり
なにげない風景から歴史を読み取る

千田　稔・本多健一・飯塚隆藤・鈴木耕太郎 編著
978-4-7795-0823-3

や! こんなところに歴史がコロがっている，やっぱり京都! あなたは今，1200年の歴史の上に立っています。歴史都市・京都は，何の変哲もない道端にもミクロな文化遺産を秘めています。一味違う京都案内である本書を片手に，街角に潜む歴史を探るために京都を歩きませんか?　(2014.5)

A5判　168頁　1800円

南山城　石仏の里を歩く
木津川に沿って古道を歩き石造物をめぐる

石田正道
978-4-7795-0989-6

京都と奈良の狭間で独自の文化を育んできた南山城の石造物探訪記。石仏，石造物の宝庫である当尾の浄瑠璃寺，岩船寺や笠置寺など，南山城から伊賀へと越える古道を10のコースに分けて案内するウォーキングガイド。　(2015.10)

A5判　176ページ　1800円

京都の森と文化

京都伝統文化の森推進協議会 編
978-4779-5-1458-6

古都京都を育み，世界からも注目される三山の森を守る！　三山の成り立ち，森林を襲う危機の実態，保全活動の成果と課題，その文化的価値，都市や人々とのつながり，京都三山を巡る最新最上の自然科学と人文学の成果を収録。　(2020.3)
A5判　304頁　2500円

京都北山 京女の森

高桑　進 著
978-4-88848-738-2

京都北山，尾越にある京都女子大学の演習林「京女の森」に息づく四季折々の，貴重な固有種も含む動植物をカラー写真とともに紹介。歴史や地質など，環境問題にもふれながら案内する。

(2002.10)

カラー写真多数　四六判　240頁　1900円

由良川源流 芦生原生林生物誌

渡辺弘之 著
978-4-7795-0215-6

由良川の源流にひろがる京都の秘境・芦生の森に成育する動物・昆虫・植物などを，四十有余年にわたり観察・調査・研究してきた著者が，貴重な写真をまじえて現況を紹介し，原生林の保全と保護を訴える。芦生研究林元林長による待望のガイドブック。　(2008.3)
A5判　184頁　2000円

京都 神社と寺院の森
京都の社叢めぐり

渡辺弘之 著
978-4-7795-0915-5

神木，巨樹・古木，天然記念物に指定されている樹木が満載！ 京都にある約200社寺の樹木を調査研究してきた著者が，貴重な写真とともにそれらを紹介。掲載社寺一覧とガイドマップ付きで，写真好き，植物好きの方なら四季折々の京都を歩いてみたくなる画期的好著。　(2015.4)
A5判　184頁　1800円

神仏の森は消えるのか
社叢学の新展開

渡辺弘之 著
978-4779-5-1400-5

神社仏閣を守る森・社叢（しゃそう）の荒廃は，社寺の消滅を招く。社叢の歴史，魅力と生物学的・文化的価値を見直しその保全を提唱する。

(2019.7)

A5判　184頁　2200円

森林はモリやハヤシではない

四手井綱英 著
978-4-7795-0071-8

多様性を失った山林はなぜ脆い？ 里山の名づけ親としても知られる森林生態学の大家が，御年94歳にして書き綴る渾身のメッセージ。70年以上の研究人生を背景に，森林，山，雪，環境保護，林野庁への提言など，縦横無尽に語る！　(2006.6)
四六判　288頁　2000円

四手井綱英が語る
これからの日本の森林づくり

四手井綱英 著
978-4-7795-0393-1

森林の有機生産は人間を含めたすべての生物の生命を支えている。人が「森林」をつくるが，「森林」がまた人を変えていく。これからの日本のあるべき「もり」や「はやし」をどうつくっていくのか。森林生態学の創始者，四手井綱英が言い遺したこれからの日本の森林づくりの貴重な提言。(2009.9)
四六判　184頁　1700円

京都一周トレイル
Kyoto Trail Guidebook

京都トレイルガイド協会 編
978-4779-5-1430-2

京都の市街地とその周辺に設けられた約135kmのトレッキングコース「京都一周トレイル」の全6コースを，日本語と英語で紹介する待望のガイドブック。 (2020.1)

A5判 240頁 1800円

大文字山トレッキング手帖

フィールドソサイエティ（法然院森のセンター）編
978-4-7795-1470-8

地球史を物語る地質，森に息づく植物や生きものたち，人の歩みを語る歴史遺産など，五つのトレッキングコースから大文字山とその麓の街をめぐりながら楽しむ，歴史都市「京都」の再発見トレッキング。 (2020.4)

A5判 112頁 予価1300円

京都府山岳総覧
京都府339山案内

内田嘉弘・竹内康之 編著
978-4-7795-1090-8

北は丹後半島の経ヶ岬から，南は奈良県境の笠置山まで，地元の強みをいかし「京都の山」を全網羅！ 京都の山々を愛する登山家たちが，府内339山の歴史と登路を解説。滝・眺望・巨樹・花・湿原・峠など貴重な風景もカラーで紹介，巻末に570山の三角点リストを掲載。山旅へと誘う魅力いっぱいの案内書。 (2016.9)

A5判 272頁 2200円

山城三十山

日本山岳会京都支部 編
978-4-88848-250-9

京都一中時代の今西錦司らが選定し，梅棹忠夫，川喜田二郎らが改定した「山城三十山」。本書は日本山岳会京都支部が最近登った記録ガイドと，梅棹忠夫氏らによる対談や斎藤清明氏の山城三十山史などを収録した。 (1994.1)

四六判 200頁 1845円

京都滋賀南部の山

内田嘉弘 著
978-4-88848-165-6

京都南部（山城）の木津川，宇治川と滋賀東部の野洲川に囲まれた山域初のガイドブック。1000米未満の山々だが寺社や史跡も多く，歴史に想いをはせながら登れる山が多い。人影も少なく，中高年のゆったり山行に絶好のフィールド。(1992.5)

地図・スケッチ多数 四六判 240頁 2000円

京 の 筏《いかだ》
コモンズとしての保津川

手塚恵子・大西信弘・原田禎夫 編
978-4-7795-1054-0

よみがえれ、京の筏！ 大学，学生，市民，NPOをはじめとした人びとが大堰川の上流から下流までの産業・歴史・文化・環境・自然・観光をつなぐ象徴として「ほんまもんの筏」を復活させる一心揺さぶるプロジェクトの軌跡。 (2016.4)

A5判 274頁 2600円

近江の山を歩く

草川啓三 著
978-4-88848-581-4

夕暮れの山頂，変幻の谷，峠の廃村，繚乱の花園，山寺の秋……滋賀に住み，湖国の山を登り続ける著者が，珠玉の紀行文と趣きあるカラー写真とで50の山を季節を追いながら綴る。コース地図，参考タイム付グラフィックガイド。　(2000.7)

写真・地図多数　菊変判　160頁　2000円

登る，比良山

比良山系28山・72コース　湖の山道案内

草川啓三 著
978-4-7795-0670-3

比良山系と麓に広がる琵琶湖は，四季を通してバラエティにとんだ魅力を秘めている。関西有数の美しい谷を遡行し，山上の池をめぐり，峠の古道を歩き，天空の道を縦走路する。比良山系28山の湖を眺める登山道72コースを，登路図とともに詳しく紹介。　(2012.7)

A5判　164頁　1800円

近江湖西の山を歩く

草川啓三 著
978-4-88848-883-9

若狭へと続く歴史あるいくつもの峠道，壮快な気分で歩ける高原状の山々，巨木の残る山深い山，それらの山々からは春夏秋冬いつでも奥琵琶湖が輝いている。関西の奥座敷的な貴重な山域をカラー写真と紀行文で案内。　(2004.6)

写真・地図多数　A5判　176頁　1900円

琵琶湖の北に連なる山

近江東北部の山を歩く

草川啓三 著
978-4-7795-0527-0

琵琶湖の北，岐阜と福井の県境の山まで連なる滋賀県湖北の山々。歴史に名を残す山々で想いをめぐらし，山上のお花畑や深いブナの森の自然を満喫し，白銀の尾根では山スキーを楽しむ。そんな多彩な湖北の山々の魅力を，存分に紹介したグラフィックガイド。　(2011.3)

A5判　164頁　1800円

伊吹山案内

登山と山麓ウォーキング

草川啓三 著
978-4-7795-0358-0

深田久弥の『日本百名山』にも選ばれた花いっぱいの名山，伊吹山。少し視点を変えてみると，「花」以外にもさまざまな魅力が見えてくる。一般登山道から周辺の山々，そして山麓ウォーキングまで，意外に深い伊吹山の全てを紹介する徹底ガイドブック。　(2009.6)

A5判　184頁　1900円

森の巨人たち

巨樹と出会う―近畿とその周辺の山

草川啓三 著
978-4-7795-1184-4

山歩きで出会ったスギ，ブナ，トチ，カツラなど，様々な巨樹の圧倒されるようなフォルム，個性，生命力。出会いの悦びと魅力を語る。　(2017.8)

A5判　176頁　1800円

山登りはこんなにも面白い

静かなる私の名山を求めて

窪田晋二・檀上俊雄・草川啓三・中西さとこ・横田和雄 著
978-4779-5-1320-6

山国日本には無数に山があるのに，多くの登山者は登山道のある一割の山にしか登らない。自分の意思をもって山に向かっている5人の登山者が，道のない静かな山の楽しみを紀行という形で伝えるメッセージ。　(2018.9)

A5判　160頁　1800円

極上の山歩き
関西からの山12ヶ月

草川啓三 文・写真
978-4-7795-0442-6

関西を中心として冬から晩秋までの12ヶ月の山歩きの楽しさを，美しい写真をメインにして紹介。多様な広がりをみせる山遊びの中から，達人が薦める山好きの心をとらえてはなさない極上の山30を，新スタイルでガイドする珠玉の山の数々。　(2010.3)

A5判　128頁　1500円

雪山を愉しむ
関西からの日帰り雪山登山

草川啓三 著
978-4-7795-1118-9

関西から日帰り登山ができる標高1800ｍ以下の滋賀，京都，岐阜，三重，福井，富山，兵庫の低山を紹介。スキーやスノーシューでの雪山登山の魅力を伝える雪山風景や雪山に挑む登山者の写真とともに，確かな経験に基づいたコース概要とアドバイスでビギナーからベテランまで役立つ実践ガイド。　(2016.12)

A5判　144頁　1800円

大阪の山歩き100
街中から気軽に楽しむ大阪の山案内

清水　満
978-4-7795-1072-4

摂津連山，生駒山系，葛城・金剛山地，岩湧山地，泉南の山の五つの山域から選んだ大阪100山。低山ながらも個性にとんだ山々があり，すべての山が公共交通機関で気軽に楽しめる，都市近郊ならではの山案内。　(2016.6)

A5判　182頁　1800円

大阪50山

大阪府山岳連盟 編
978-4-88848-740-5

摂津，河内，和泉の三つの地域から大阪の岳人達が選んだ50山と番外２山を，山名の由来や豊かな歴史にふれながら，写真，地図と共に登山コースに沿ってていねいに紹介する。また，著名な峠や岩場も別項で案内。　(2002.10)

写真・地図多数　四六判　290頁　1900円

北摂の山（上）（下）

慶佐次盛一 著
上巻978-4-88848-650-7
下巻978-4-88848-698-9

上巻では主に大阪府北部を中心とした東部の山域から61山をとりあげ，下巻では兵庫側の摂津，俗に西摂と呼ばれる山域から約70山を紀行風に紹介。難易度，詳細な登山地図に道標の有無，交通機関などもあわせて案内。(上巻2001.4・下巻2002.3)

A5判　各巻272頁　各巻2000円

奈良名山案内
世界遺産の峰めぐり

エスカルゴ山の会 関西支部 編著
978-4-7795-0861-5

奈良県は，奈良盆地の若草山や大和三山，その周囲を囲む生駒・金剛山地や室生・倶留尊など中部の山々，そして奥高野・大峰山系・台高山系などの奥深い山々が連なる山岳王国である。これら世界遺産に登録された古代の歴史重なる旧跡や，修験道の道や峰を豊富なカラー写真と地図で紹介。　(2015.8)

A5判　209頁（オールカラー）　2000円

四国の山を歩く

尾野益大 著
978-4-88848-724-5

西日本第一の高峰・石鎚山や第二位の剣山，巨樹のブナが群生する大滝山や大座礼山，コメツツジの紅葉が美しい三嶺，天狗塚，笹ケ峰など，著者お薦めの四国の山々の魅力と，登山コースを紀行文で紹介。周辺の名所や交通も記載。　(2002.7)

地図・写真多数　四六判　292頁　1900円

近畿の山　日帰り沢登り

中庄谷　直・吉岡　章 著
978-4-88848-242-4

初夏から秋までの登山の醍醐味の一つに沢登りがある。危険を伴うような印象が強いが，本書ではのんびり沢とたわむれ，遊ぶ，どちらかというと楽な，京阪神から日帰り山行の出来る沢を52選び，精密なコース地図と共に紹介した。　(1994.6)

写真・地図多数　四六判　230頁　1942円

近畿の山　続日帰り沢登り

中庄谷　直・吉岡　章 著
978-4-88848-508-1

ゴルジュと滝に胸をときめかせ，森と交わって悠久を知る。沢登りは創造の旅である。好評書「近畿の山 日帰り沢登り」では比較的やさしい日帰り出来る谷を採りあげたが，今回は少し地域を広げて，南紀や由良川，因但国境まで含めた。　(1999.7)

各谷別詳細遡行図　四六判　215頁　2000円

わっさかわっさか沢歩き
記録集［近畿編］

同人・わっさかわっさか沢歩き 編
978-4-88848-436-7

土曜の夜に大阪発，翌日曜の日帰りでどこまで沢登りが堪能できるか？ 5年間にわたる遡行記録の集大成。本編では，台高・大峰・南紀・奥高野・京都北山・湖南・播州の50沢を紹介，温泉情報も添えた。　(1998.9)

写真・地図多数　四六判　250頁　2500円

わっさかわっさか沢歩き
記録集［鈴鹿・奥美濃・白山編］

同人・わっさかわっさか沢歩き 編
978-4-88848-507-4

前夜発日帰りで楽しんだ沢。今回は白山，加越，奥美濃，若狭，鈴鹿など中部，北陸地方の渓谷約50をとりあげる。太古，山人は尾根を伝い，または谷を登りつめた。沢歩きは登山の原点である。谷は人を惹きこむ不思議な魅力を持つ。(1999.7)

各谷別詳細遡行図　四六判　208頁　2000円

関西の沢登り［1］
台 高 の 沢

樋上嘉秀 著
978-4-88848-784-9

日本有数の多雨地帯・台高の谷は，数十米の大滝を架け豪快。吉野川水系15，北山川水系６，櫛田川水系７，宮川水系５，銚子川水系３，往古川水系２計32の快適な沢登りの楽しめる名渓を案内すると共に各谷ごとの詳細な遡行図と写真を付す。　(2003.5)

各谷別詳細遡行図　四六判　230頁　1900円

関西の沢登り［2］
大 峰 の 沢

樋上嘉秀 著
978-4-88848-807-5

近畿の沢登りの中心はここ大峰山系。吉野川水系（上多古川）４，十津川水系（川迫川，丹ノ川，旭ノ川，滝川直系）17，北山川水系（白川又川，前鬼川，池郷川）10計31の名渓を紹介。１巻同様詳細な遡行地図を写真と共に各谷ごとに付す。　(2003.7)

各谷別詳細遡行図　四六判　224頁　1900円

関西の沢登り［3］
南 紀 の 沢

樋上嘉秀 著
978-4-7795-0165-4

長いナメ床と大滝に南紀の谷のよさを知る。十津川直系４，三越川水系２，大塔川水系３，赤木川水系７，高田川水系３，熊野川直系３，北山川直系６，相野谷川・日置川２より計30の谷を詳細な遡行図付きで紹介する。　(2007.5)

四六判　248頁　1900円

三訂 奥美濃
ヤブ山登山のすすめ

高木泰夫 著
978-4-7795-0186-9

樹林の山旅が楽しめる奥美濃70山のガイド。揖斐・長良両川の源流，近江・越前国境に連なる奥美濃の山々は，アルプス的近代登山ではない探検的登山（ヤブ山登山）が味わえる。徳山ダム建設後の道路情報にもふれて，地図と写真を多数掲載。（2007.8）

四六版 244頁 1800円

美濃の山（全3巻）

奥美濃の探検登山の精神はヒマラヤに通ずるものがある…という今西錦司流の伝統を受け継ぎ，ラッセルもジャンジャンも何のその，三角点を囲んで万歳，そして乾杯！ これぞヤブ山登山の醍醐味。

地図・写真多数 四六判 平均260頁
1，2巻 2200円 3巻 2500円

大垣山岳協会 編

第1巻 揖斐川水系の山Ⅰ 牧田川 津屋川 相川 粕川 日坂川 小津川 白川 大谷川
978-4-88848-336-0 浅又川 坂内川 西谷川 扇谷各水系（1996.12）

第2巻 揖斐川水系の山Ⅱ・長良川水系の山 根尾川 根尾西谷 根尾東谷 伊自良川 武儀川
978-4-88848-383-4 板取川 津保川 石徹白川各水系（1997.10）

第3巻 木曽川水系の山 赤川 黒川 白川 佐見川 和良川 中野方川 阿木川 中津川
978-4-88848-442-8 落合川 付知川 川上川各水系他（1998.11）

飛 騨 の 山
研究と案内

飛騨山岳会 編著
978-4-7795-0504-1

山の国，飛騨100余山の山行案内に，笠ヶ岳・錫杖岳の岩場登攀・御嶽両面の沢登り・乗鞍岳と白山のスキー登山の記録も紹介。最近の登山道状況や交通アクセスなど，飛騨地方以外の方に便利な情報も掲載。
—飛騨山岳会創立100周年記念出版— （2010.12）

写真地図多数 A5判 328頁 2500円

蟻さんの熊野紀行（全3巻）

次はどこへ行こうかと毎回思案しているウォーキング愛好者へ歩く目標・テーマを与えてくれるのが熊野古道のすばらしさ。オリエンテーリング気分で先人の歩いた道を楽しもう。現代の巡礼「蟻さん流熊野古道歩き」を随想風に案内。

A5判 各巻写真・地図多数掲載

山村茂樹 著

紀伊路・中辺路を行く—堺～本宮編— 232頁 1800円 （2002.5）
978-4-88848-716-0

新大辺路を行く—田辺～串本～新宮・雲取越え編— 228頁 1900円 （2003.7）
978-4-88848-789-4

高野・小辺路を行く—堺・高野街道～高野山・本宮編— 280頁 2000円 （2005.4）
978-4-88848-961-4

改訂 **新日本山岳誌**

日本山岳会 編著
978-4-7795-0995-7

日本山岳会創立110周年記念出版。全国4000山へ実際に足を運び，調査して執筆。平成の大合併での行政区画変更や最新の測量法による標高数値を調査済み。日本山岳会の英知を結集した最新・最大の山岳百科事典の改訂版発刊！ 写真・地図多数 (2016.4)
菊判 美装函入 2016頁 18000円

登山案内
一等三角点全国ガイド［改訂版］

一等三角點研究會 編著
978-4-7795-0914-8

北海道から沖縄まで500M 以上の一等三角点をめぐるガイド。東日本大地震により日本の多くの山の高さ・位置が変わり，改めて正確緻密なデータを記載した改訂版。一等三角点の変更なった最新データと写真を記載し，研究会会員が実際に辿った三角点までの登山道を紹介。 (2015.5)
A5判 264頁 2000円

登山案内
続 一等三角点全国ガイド

一等三角點研究會 編著
978-4-7795-0794-6

北海道から沖縄まで500M 以上の一等三角点をめぐるガイド。東日本大地震により日本の多くの山の高さ・位置が変わり，改めて正確緻密なデータを記載した改訂版。一等三角点の変更なった最新データと写真を記載し，研究会会員が実際に辿った三角点までの登山道を紹介。 (2015.5)
A5判 212頁 1800円

オーストリアの風景

浮田典良・加賀美雅弘・
藤塚吉浩・呉羽正昭 著
978-4-7795-0950-6

ウィーンやザルツブルクなどハプスブルク帝国の残影色濃い都会から，ドナウ平原の知られていない町や村，アルム農業・アルプスチロル地方の山岳観光まで，克明に歩いた本当の旅の魅力を教えてくれるオーストリア案内。 (2015.6)
A5判 192頁 2200円

スイスの風景
スイスに関する80章

浮田典良 著
978-4-88848-476-3

スイス全土から様々なトピックを拾い，この風景をどう読めばよいかを，地理学者の目で説明する。スイス旅行を計画中，あるいは旅行中に頁をめくって読んだら，観光案内書にはないスイスが見えてくる。あなたのスイス旅行に是非！ (1999.3)
〔品切中〕写真・地図多数 A5判 168頁 1900円

ゴローのヒマラヤ回想録

岩坪五郎 著
978-4-7795-0292-7

今西錦司，桑原武夫，梅棹忠夫らの先輩の薫陶で数々のヒマラヤ行を体験して，気がつけば京都学（岳）派のリーダーに。「第３回今西錦司賞」の受賞を機に，先輩と仲間のこと，大学や学問のあり方や山行の貴重な体験を軽妙な筆致で回顧する。 (2008.10)
四六判 244頁 2000円

空撮ヒマラヤ越え 山座同定
FLYING OVER THE HIMALAYA:
Peak Identification
中村 保 著
978-4779-5-1360-2

中国南西部辺境に40回足を運び，地理的空白部を解明してきた著者を中心としたヒマラヤ越え空撮写真集。未知の大地の高峰群の山々に山座同定を付したヒマラヤファンには画期的な魅惑の写真集。

(2019.5)

菊倍判 234頁 8000円

インド・ヒマラヤ

日本山岳会東海支部 編著
978-4-7795-1000-7

日本とインドのヒマラヤニストが総力を上げて執筆・編集した日本初のインド・ヒマラヤ最新登山記録集成。13の山域に大別して約610座を厳選し，概説と概念図，写真，登山記録，登山史，文献を集約した価値ある一書。 (2015.12)

A5判 650ページ 6000円

カラコルム・ヒンズークシュ 登山地図

(付)カラコルム・ヒンズークシュ山岳研究
宮森常雄・雁部貞夫 編著
978-4-88848-647-7

国内外の最新情報満載の世界で最も詳しい登山地図。六千米超1215峰について，氷河地帯の様子や登攀ルート等も記載。別冊山岳研究ではパノラマ写真に高度，山名をそえて記録。 (2001.5)

［B全判地図13葉］＋［A4変型判・上製美装ケース入 385頁］ 33000円

秘境ヒンドゥ・クシュの山と人

パキスタン北西辺境を探る

雁部貞夫 著
978-4-7795-0339-9

夏の15シーズンをこのヒンドゥ・クシュで過ごしてきたという，パキスタン北西辺境の大家・雁部貞夫の古希を記念して，半世紀にわたる探検の成果を集大成。この地への愛情あふれた言葉で語る山々の横顔は，長年の足跡を刻んだ著者でしか語りえない，すべての岳人待望の書。 (2009.5)

菊判 412頁 6800円

ミニヤコンカ初登頂

ヒマラヤの東・横断山脈の最高峰

バードソル，エモンズ，ムーア，ヤング 著
山本健一郎 訳
978-4-88848-404-6

1932年アメリカの若者４人が，エベレストより高いという謎の山をめざして揚子江を遡り，ヤクでキャラバンを続け，チベット人の暮しや宗教にもふれ，初登頂に成功した。標高7556m は当時人類が登頂した，世界第２の高峰であった。(1998.4)

四六判 296頁 2500円

ヒドンピーク初登頂

カラコルムの秘峰8068m

ニコラス・クリンチ 著 薬師義美，吉永定雄 訳
978-4-88848-405-3

超8000m 峰14座が国家の威信をかけた豊富な資金と装備の大遠征隊によって次々と初登頂される中，この1958年アメリカ隊は小規模ながら志を一つにして本峰（別名ガッシャーブルムⅠ）を制した。著者は元アメリカ山岳会会長。 (1998.4)

写真多数 四六判 420頁 3500円

エベレスト 61歳の青春

川田哲二 著
978-4-88848-696-5

1970年，８千米峰の中で最難といわれたダウラギリの第２登に成功した著者が，31年後の61歳で憧れのエベレストに挑む。偉大なるその山懐で抱いた山への想いと人生で味わったことのない感動を生涯の山歴や岳人の思い出を含めて綴る。(2002.7)

写真多数 A5判 280頁 2400円

シルクロードの風

山と遺跡とオアシス

内田嘉弘 著
978-4-7795-0118-0

古稀を迎えた著者が，西域，中央アジア，トルキスタン，タクラマカン沙漠，崑崙山脈，カラコルム，パミールそしてカイラスなどの海外登山と最近のシルクロード周辺の旅を振りかえる。

(2007.1)

A5判 284頁 2400円

山と氷河の図譜
五百澤智也山岳図集

五百澤智也 著
978-4-7795-0138-8

山を愛し，歩き，山を描き続けてきた五百澤智也の多彩な細密画作品（ヒマラヤ・アルプス・日本の山岳鳥瞰図，展望図，地形図，地貌図，スケッチなど）の集大成。カラー63点，２色刷33点，モノクロ33点，解説付き。(2007.3)
B5判　144頁　2800円

岳書縦走

雁部貞夫 著
978-4-88848-945-4

〈新アララギ〉の選者・編集者であり岳人でもある著者が執筆した，内外の著名な〈山の本〉（登山記・紀行・自然・民俗・文化）130篇の書評・解説を集大成した山の書誌文化誌。各篇には，初出掲載誌『岳人』になかった「作品・著者解説」と書影を掲載した。(2005.3)
菊判　444頁　5500円

山の本歳時記

大森久雄 著
978-4-7795-0262-0

日本の山は季節の彩りが豊か。そこからは四季の魅力を爽やかに伝える文章がたくさん生まれている。そうした豊かな世界を山の本から選りだして，季節を追って楽しんでみよう。そこには山に登る新しい喜びがあふれている。(2008.6)
四六判　176頁　2000円

山の本をつくる

中西健夫 著
978-4-7795-0713-7

半世紀にわたって，数多くの名作山書を世に送り出してきた「山好き，本好き」を自任する出版人が，多彩な著者との交流を中心に，山書づくりのノウハウや出版にまつわるエピソードをふりかえる。(2013.8)
A5判　288頁　2800円

好日山荘往来（上）（下）

大賀壽二 著
978-4-7795-0131-9
978-4-7795-0272-9

大正13年から75年間，日本の登山・スキーの発展を側面で支えた「好日山荘」は著名な岳人の山のサロンであった。山とスキー用具専門店の戸をたたいた岳人との興味あふれる交流の数々の逸話と，登山用具の変遷の歴史は，登山専門店のありかたを今に伝えている。
上巻四六判　308頁　2500円（2007.2）
下巻四六判　352頁　2800円（2008.6）

ロープレスキュー技術

堤　信夫 著
978-4-7795-0284-2

救助・防災関係者，登山家，アウトドア関係者，仕事・スポーツなどでロープを使う人たちが，現場で使えるレスキュー技術を，図解イラスト入りで手順や方法を詳しく解説する。本書ではチームレスキューを想定した技術を多く紹介し，そのーつひとつはすべてのレスキューに適用する。(2008.9)
A5判　216頁　2000円

白く高き山々へ
六十歳からの青春——アルプス登山と語学留学の奨め

村中征也 著
978-4-7795-0979-7

夢を持ち，目標を立て，計画し，実行に移したアルプス登山やドイツ語留学。この中で得た若き友とヨーロッパを旅し，スイスを巡ってアルプホルンに魅せられて日本，世界を駆け巡った，60歳からの青春の奨め。(2015.8)
A5判　304頁　1500円

狛犬《こまいぬ》学事始

ねずてつや 著
978-4-88848-224-0

南山城地方の全狛犬150対を徹底調査。狛犬の歯は何本？ 耳は？ しっぽは？ 獅子とはどうちがう？ ルーツを求めて日本全国，沖縄のシーサーからアジア諸国へ，コマイヌ生態学の謎にせまる。第２回宇治市紫式部市民文化賞受賞。 (2000.1)

四六判　216頁　2000円

京都狛犬《こまいぬ》巡り

小寺慶昭 著
978-4-88848-483-1

好評書「狛犬学事始」の続編。京都（府下も含む）の調査完成で意外な結果が見えてくる。狛犬は京都が発信地ではなく受信地？ 京都の神社，仏閣にある約1400の石の狛犬の徹底調査から解明される石工勢力図は何を物語るのか。 (1999.11)

写真多数　四六判　250頁　2200円

大阪《なにわ》狛犬の謎

小寺慶昭 著
978-4-88848-827-3

石の狛犬のルーツは大阪にあった。「浪花狛犬への招待」「御霊神社と青銅狛犬の謎」「住吉大社石造狛犬の謎」「柴島神社けったいな狛犬の謎」「浪花狛犬栄枯盛衰史」「全盛期の浪花狛犬」「住吉平田神社狛犬の謎」など。 (2003.11)

写真多数　四六判　288頁　2200円

水のしらべ 琵琶湖のうた

福山聖子 画文集
978-4-7795-1108-0

ひとしずくの雨や雪からはじまり，琵琶湖へと至る水の風景は滋賀の人々の暮らしに溶け込んでいる。そんな水の風景を描き言葉をつむぎだす福山聖子の世界。朝日新聞滋賀版に好評連載中の叙情あふれる画文集。 (2016.10)

A5判変型　120頁　1600円

近江の祭と民俗

宮畑巳年生 著
978-4-88848-081-9

近江は，各地に存在する宮座制度の残影，鈴鹿山中に息づく木地屋伝承，湖北の民家のたたずまいとおこないの風習など，早くから民俗の宝庫とされてきた。祭りを中心に近江の民俗の諸相を，克明に調査記録。 (1988.11)

写真多数　A4判美装　332頁　18000円

わかる！元興寺【第２版】

元興寺公式ガイドブック

宗教法人元興寺 編著
978-4-7795-1419-7

飛鳥・平城から現在まで1400余年の歴史と，国宝を含む多くの重文と史跡を，美術史・仏教史・考古学の視点からわかりやすく紹介。 (2019.10)

B5変判　96頁　900円

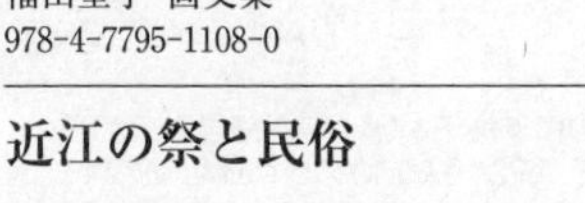

2016年より，８月11日国民の祝日「山の日」が制定されました。
ナカニシヤ出版は，一般財団法人全国「山の日」協議会の会員として，様々な活動に協力しています。

立派な建材となった。家の建て替えの際には、自家の屋敷林の木材のみならず、樹種や用材の大きさによっては、他の農家の屋敷林からも木材の融通を受ける場合が多かったという。

スギ・アテ・ケヤキなどは、とりわけ代表的な建材であった。スギは伝統的な母屋（アズマダチ・マエナガレとともに）の正面に付された南北の小屋根の軒を受ける、長大な丸太の軒桁として使用される。さらに多くの板戸や床板などと、量的には最も多く、建物の各所に使用された。

また砺波散村では、伝統的な農家建築の大きな大国柱はじめ、枠の内造りのやはり太い梁や桁はケヤキであり、貫《ぬき》や長押《なげし》にはアテを使用するのがよいとされた。

一方、屋敷林で発生するこれらの樹木の枝葉は集められて、農家二階の通風のよい竹簀・莚敷の物置（「アマ」と称される）に蓄えられ、十分に乾燥されて燃料となった。量の多いスギの枝葉は「スンバ（杉葉）」と呼ばれ、とりわけ重要な燃料であった。

屋敷林の果樹も多様であった。砺波散村地域研究所による一九八五年の調査報告（対象二〇〇一戸）では、カキ（八七・九パーセント）、イチジク（五一・七パーセント）、ウメ（四七・九パーセント）、クリ（四五・四パーセント）、ブドウ（四五・一パーセント）、モモ（二七・〇パーセント）、ナシ（二四・六パーセント）を植えている家が多く、以下ザクロ、ユズ、ビワ、イチョウ、スモモ、リンゴ、アンズ、クルミ、ミカンと多様な果樹が続いた。

カキが最も多く、通常は母屋東側の前庭に二〜三本植えられていて、秋の果物の代表であった。甘柿はそのまま果物として、渋柿は干し柿として正月の鏡餅の上の飾り、冬の食用となった。

ナカニシヤ出版

［山と自然］　図書目録

（2020年４月）

中村　保『空撮ヒマラヤ越え FLYING OVER THE HIMALAYA』より
東チベット，念青唐古拉山東部の6000m峰。遠景はナムチャ・バルワ7782m山群。

表示は本体価格です。

〒606-8161　京都市左京区一乗寺木ノ本町15
Telephone 075-723-0111
Facsimile　075-723-0095
郵便振替　01030-0-13128
URL　　http://www.nakanishiya.co.jp
e-mail　iihon-ippai@nakanishiya.co.jp

干し柿用の渋柿は特に、屋敷林以外でも栽培された。とりわけ砺波平野南部の山田野（南砺市城端《じょうはな》）などでは、干し柿専用の三社《さんしゃ》柿が柿林（写真3－5）で栽培され、特産の干し柿が生産されるようになった。

ウメは、早春の花をめでる庭木でもあったが、食用として重要な梅干をつくるのに不可欠な果物であった。夏には多くの農家の前庭において、紫蘇に漬けられた梅が竹簀の上に広げて干されている光景は、かつて普通に見られた。

クリは木材としても貴重であったが、保存の可能な堅果を供給し、多くの農家に一～二本は植えられていることが多かった。

このほかツバキ、カヤなど、各種の庭園木はもとより観賞用であり、多くは造園に付随するものであった。

このような屋敷林を伴った砺波散村の農家は、住居の周囲に農地を集めて経営し、水田耕作を中心とした農業を営んだ。このために、加賀藩による田地の割替制（「田地割」）の下でも、引地と呼ばれる慣行をつくりあげたこともすでに述べた。

さらにここで述べたような屋敷林を所有して建築用の木材として育成し、スギなどの枝葉を燃料として用い、さらにたけのこ・梅・柿・栗などの食材・果実を得ていたことも確認した。

つまり散村の農家は、周辺の水田において農業を営むとともに、屋敷林において、さまざまな生活

写真 3-5　山田野の柿林

用品を自給し、きわめて自立性の高い生活単位を形成していたことになろう。

ただし最近では、建材は輸入木材が一般化し、また工場で加工した建材が主流となって、屋敷林の樹木の木材としての用途は激減した。各種の食材・果実もまた、スーパーマーケットなどの店頭で容易に入手できることとなった。

とりわけ家庭燃料が電気・ガスとなり、屋敷林の枝葉の用途がなくなった。現在では、むしろその処理に苦労することとなっている。このように屋敷林の維持作業が問題となっているが、このことについては後にあらためて紹介したい。

その前に取り上げたいのは、自立性が高いとはいえ散村地帯には、市場町などの中心集落が点在していたことであり、これについて次章で触れておきたい。

◎主要参考文献

牧野信之助『土地及び集落史上の諸問題』河出書房、一九三八年

坂井誠一「山田新田の開発」(城端町史編纂委員会編『城端町史』)一九五九年

中明宗平編『鷹栖村史』鷹栖自治振興会、一九六二年

佐伯安一・新藤正夫「砺波郡における近世新村の成立」『越中史壇』二六、一九六三年

砺波市史編纂委員会編『砺波市史』砺波市、一九六四年

水津一朗『社会地理学の基本問題』大明堂、一九六四年

藤井昭二『五万分の一表層地質図　砺波』富山県、一九六七年

杉本尚次『日本民家の研究―その地理学的考察―』ミネルヴァ書房、一九六九年
富山県教育委員会編・刊『富山県埋蔵文化財調査報告書Ⅲ』一九七四年
庄川町史編さん委員会編『庄川町史』庄川町、一九七五年
砺波散村地域研究所「砺波平野の散村集落における屋敷内の果樹調査概況」『砺波散村地域研究所研究紀要』二、一九八五年
金田章裕『条里と村落の歴史地理学研究』大明堂、一九八五年
佐伯安一「くらしの歴史からみた屋敷林」『砺波散村地域研究所研究紀要』五、一九八八年
舘明「砺波平野扇央部の屋敷林の実態」『砺波散村地域研究所研究紀要』五、一九八八年
高井進監修『目で見る砺波・小矢部の一〇〇年』郷土出版社、一九九三年
金田章裕『微地形と中世村落』吉川弘文館、一九九三年
富山県文化振興財団埋蔵文化財調査事務所編・刊『埋蔵文化財調査報告　第8集』一九九六年
砺波郷土資料館『砺波平野の屋敷林』砺波散村地域研究所、一九九六年
金田章裕『古代荘園図と景観』東京大学出版会、一九九八年
仙台市史編さん委員会編『仙台市史　特別編6民俗』仙台市、一九九八年
金田章裕『古地図からみた古代日本』中公新書、一九九九年
金田章裕・藤井正編『散村小都市群地域の動態と構造』京都大学学術出版会、二〇〇四年
砺波市教育委員会編・刊『久泉遺跡発掘調査報告書』二〇〇七年
佐伯安一『近世砺波平野の開発と散村の展開』桂書房、二〇〇七年
有岡利幸『杉Ⅱ』法政大学出版局、二〇一〇年
新藤正夫・安カ川恵子「鷹栖村お藪史料にみる江戸時代後期の散村の屋敷林」『砺波散村地域研究所研究紀要』二八、二〇一一年

新藤正夫（金田章裕編）『富山　砺波散村の変貌と地理学者』ナカニシヤ出版、二〇一一年
金田章裕『古代・中世遺跡と歴史地理学』吉川弘文館、二〇一一年
金田章裕「砺波散村の歴史」『BIOCITY』八〇、二〇一九年
島内他編『地域の歴史から学ぶ災害対応　砺波平野庄川流域の散村と伝統知・地域知』総合地球環境学研究所、二〇二二年

4 散村・小都市群の成立と動態

1 砺波散村と中心集落

2 小都市群の動態

1　砺波散村と中心集落

山麓と交通要衝の町

近世初めごろの砺波平野の村々が、平野中央の扇状地上には少なく、周辺部の山麓近くの平地に多かったことをすでに述べた。

中世以来存在した町もまた、平野南部の井波、平野西南部の福光、平野西南端の城端《じょうはな》などの平野縁辺であった。いずれも真宗寺院の門前町に由来したが、これらの町の周辺には村々の分布が多く、開拓が進んだ山麓付近であった。町の立地点は同時に、西方や南方から山越えで砺波平野に入る、他地域間との交通路の要衝でもあった（図4−1参照）。

前田氏が入部して砺波郡を領した天正一三年（一五八五）当時、すでにこれらの町が存在していたが、平野西北部のやはり山麓付近に、翌年まず今石動《いまいするぎ》城を築いた。

加賀藩はさらに、今石動から東に向かう上街道と呼ばれたこともある北陸街道（戸出往来）沿いの渡河地点なども整備した。さらに、開拓が進んだ庄川扇状地上においても、新しい市場町の町立《まちだて》が進んだ。まず砺波郡における近世初期に存在した町について、佐伯安一の整理に拠りながら概観しておきたい。

石動　前田氏は入部直後、藩主利家の弟秀継を、砺波平野北部の小矢部川沿いに存在した木舟城

（高岡市福岡）に置いたが、庄川の河道変遷を引き起こした大地震に被災して死亡した。そこで天正一四年、秀継の子利秀を今石動城に移して城下を建設させた。これが石動《いするぎ》（小矢部市石動）の直接の起源であるが、ほかの山麓立地の町々と同様に、加賀国から倶利伽羅《くりから》峠を経て越中に入る北陸道の山越えの谷口でもあった。

石動は小矢部川の渡河地点でもあり、古代以来の北陸道を踏襲した北陸街道の宿場町であった。慶長一〇年（一六〇五）には、街道の伝馬・人足についての折紙（公式文書）が交付され、翌一一年には「小矢部・福町分、渡船船頭中」にも、渡船についての指示が出された。さらに同二〇年には、「宿送

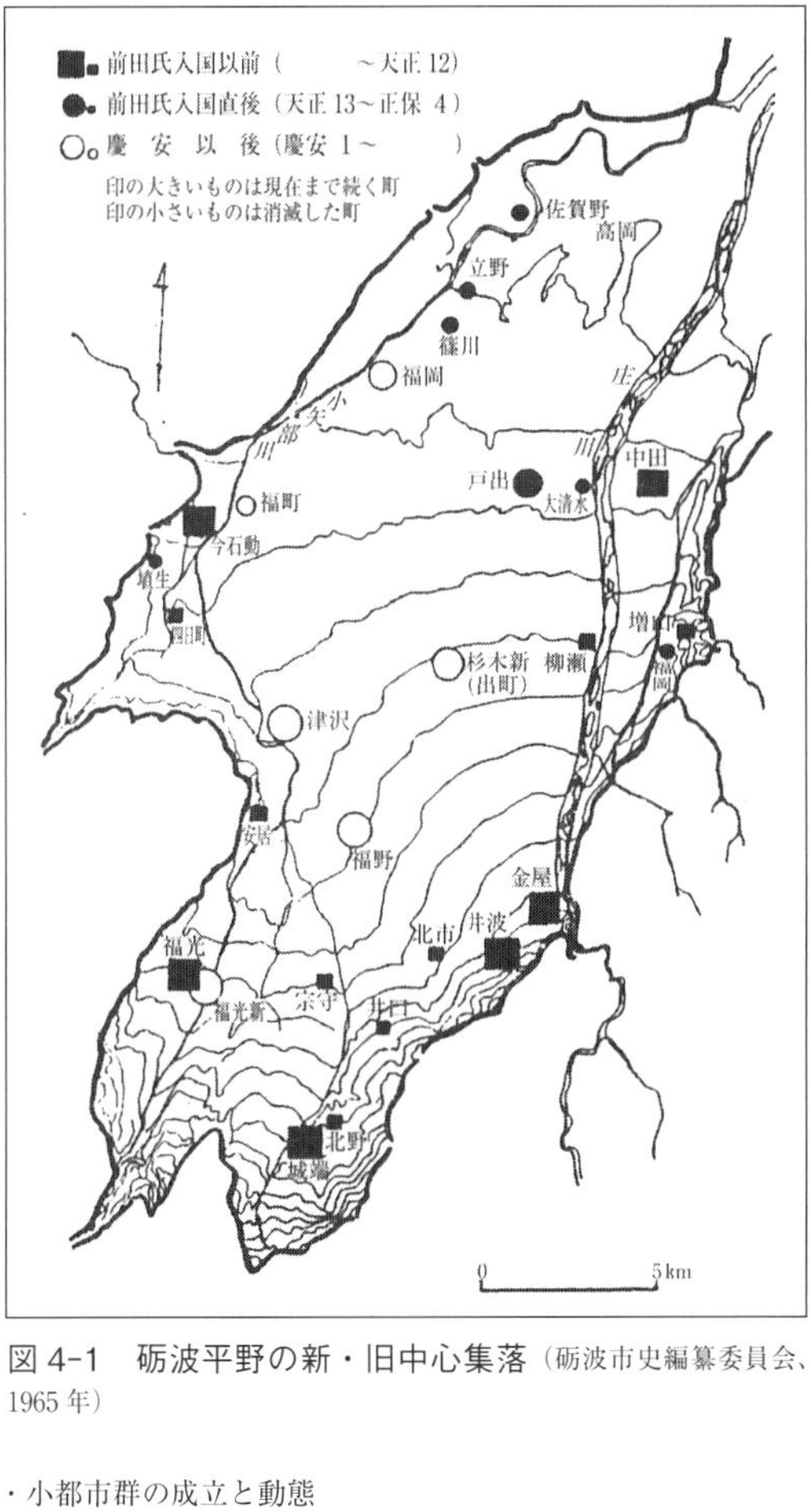

図 4-1　砺波平野の新・旧中心集落（砺波市史編纂委員会、1965 年）

人足伝馬之御印」の給付により、伝馬・人足の公認を得た。
この時期からすれば一〇〇年近く後であるが、元禄四年（一六九一）の戸数は一一六二戸であった。

中田　庄川東岸の中田村（中田町、現・高岡市）は、慶長一〇年（一六〇五）に「中田村舟渡場」として認可を得、同二〇年には今石動と同時に「宿送人足伝馬之御印」を得た。寛文六年（一六六六）の宿馬定数は二八匹であった（『加賀藩史料　第四編』）。今石動から東に向かう上街道が庄川を渡った東岸の宿場町・渡河地点である。延宝四年（一六七六）の戸数は一三〇戸であった。

戸出　庄川西岸の戸出新町（戸出町、現・高岡市）は、庄川と千保《せんぼ》川の渡渉地点であり、元和三年（一六一七）に戸出野の新開を願い出、同七年に新開検地を受けた。戸出町には、千保川の舟運の利用に関わる「御蔵（藩に直送する年貢米用の蔵）」が置かれた。元禄一二年（一六九九）の戸数は一〇二戸であった。

井波　平野南部の井波は、中世に一向一揆の拠点の一つとなった瑞泉寺の門前町であり、さらに南の五箇山を経て飛騨方面からの交通路の砺波平野の入り口であった。中世には、多くの真宗寺院が、いわゆる寺内町を構成したが、福光・城端とともに、近世の井波を門前町として表現しておきたい。家数は延宝四年（一六七六）に一八二戸、宝永七年（一七一〇）には二二八戸であった。

福光　福光は、中世には石黒氏の拠点であった。石黒氏は、背後の医王山にあった修験系の惣海寺とともに戦ったが、加賀から応援を得た一向一揆に敗れた。天文年中（一五三二〜五五）に浄土真宗善徳寺の門前町となり、同寺が城端へ移転した後もその「掛所」を置き、門前町を維持したとされる。

元禄三年（一六九〇）には家数が二四八戸であった。

城端　城端は永禄二年（一五五九）以来、福光から移転した善徳寺の門前町であった。南側背後の五箇山との交通の要衝でもあり、五箇山を含む養蚕を背景とした絹織物の町としても発展した。元禄六年の家数は六八九戸と、今石動に次いで多かった。

これらの町はいずれも、街道が河川を渡河する地点、街道沿いの宿場町、大寺院の門前町、絹織物の町などの機能を中心としていた。ところがこれらの町は、同時に市場町でもあったことに注目しておきたい。

井波には八日町・六日町・三日町などの町名が残り、定期市が開かれていた名残とされる。福光では、伝承を書きとどめた元文四年（一七三九）年ごろの記載に「棚田しょじ（小路）・八日町・二日町・上五日町」の「四ヶ町の市」などと記されていた。井波と同様に、やはり定期市（一日（一回）と二・五・七日（各三回）が開かれ、計一〇回の市日からなる十歳市が立っていたとされている。

さらに城端でも永禄九年（一五六六）には、近くにあった井ノ口（市日、一〇日）と山田（同、四日）のいずれも各三回の市が移されて六斎市が始まり、さらに慶長九年（一六〇四）には、北野（同、七日）の市を移して四・七・一〇の市日からなる九歳市となったという。

戸出町にも二・七の六斎市が開かれた。街中の四つ辻を中心に東三市と西三市に六分し、市日を交互にして市が開かれたという。

これらの市町は、砺波平野周辺部における、すでに相対的に村の成立が多かった周辺農村の中心地として、農産物の集散、必需品の購入などの機能を果した。

さらに、一七世紀以降となって庄川扇状地上の開拓が進むと、次のように平野中央部においても市町が新しく設置された。

散村の展開と町立

杉木新　慶安二年（一六四九）、郡奉行宛てに杉木新町《すぎのき》（砺波市出町）の町立願書が提出された。願書の署名人は杉木村の二郎兵衛を筆頭に近隣村の計一六人であった。

その願書には、次の三点の要望が記され、すぐに認可された。

①杉木には藩主利長の時代に市場があったが、慶長一三年（一六〇八）に庄川の洪水が流れ込んで被災したので、もう一度市場を作りたい。

②長さ三〇〇間、幅八〇間の地（草高（実収高）一〇〇石）に、家一〇〇軒（平均の間口が六間となる）を建てたい。

③市日は三・九の六斎市としたい（付近の戸出・中田・柳瀬の市日とぶつからない）。

延宝四年（一六七六）には九七戸となり、町立が認められた際に予定した一〇〇軒を超えるのは享保五年（一七二〇）の一一七戸であった。この間、承応二年（一六五三）には「作食蔵《さくじきぐら》（食糧不足の農民への貸与用米蔵）」が設置され、寛文四年（一六六四）には「御旅屋《おたや》（藩主の鷹狩用休憩所）」、同六年には郡内の十村《とむら》（加賀藩の大庄屋）の相談所ができ、その後さらに「蔵宿（年貢米のうち藩士の知行米用）・砺波御郡所（郡奉行）」なども設置され、実質的な砺波郡の中心地となった。

ところが藩へ直送する年貢米用の「御蔵」がなく、石動・戸出の御蔵まで人や馬の背で年貢米を運ぶことは難儀きわまるとして、宝暦一二年（一七六二）に、杉木新・杉木村など周辺三五村の連名で御蔵設置を願い出ている。しかし設置は遥かに遅れ、幕末の慶応二年（一八六六）に至ってようやく承認され、翌三年に「杉木御蔵」が設置された。

福野　杉木新の願書提出と同じ慶安二年には、本江村の三右衛門もまた、杉木新の南方にあたる野尻野の追分（道の分岐点）に新町を立てたいとの願書を郡奉行に提出した。

①奥行き二五間の屋敷地に五〇〜六〇軒の家を建て、間口一間につき銀一匁の地子を納めるが、②郡役を免除してほしい、③飲料水は庄川からくる水を分けてほしい、④市日は二・七の六斎市としたい、といった内容であった。

翌年許可され、福野町と称された（「慶安四年福野町居屋敷御竿入帳」）。延宝四年（一六七八）に一二六戸、享保五年（一七二〇）に一七六戸とされ、御蔵・作食蔵・町蔵宿も置かれたという。

安永二年（一七七三）ごろの町絵図には、図4－2のように、食い違いに交差した街路沿いの町並みが描かれている。市日は七・一七の二日が横町（西北側の東西道沿い）、二・一二日が下町《しも》（東北側の南北道沿い）、二二・二七日は上町《かみ》（南西側の南北道沿い）であり、東側の御蔵町付近には御収納蔵・作食蔵が記入されている。家数は二四三戸にのぼるが、周辺の地続きの家が含まれているとされる。

福光新　福野町の町立を主導した三右衛門は、福光町の地続きに福光新町の町立をも企図した。福野町が認可さ

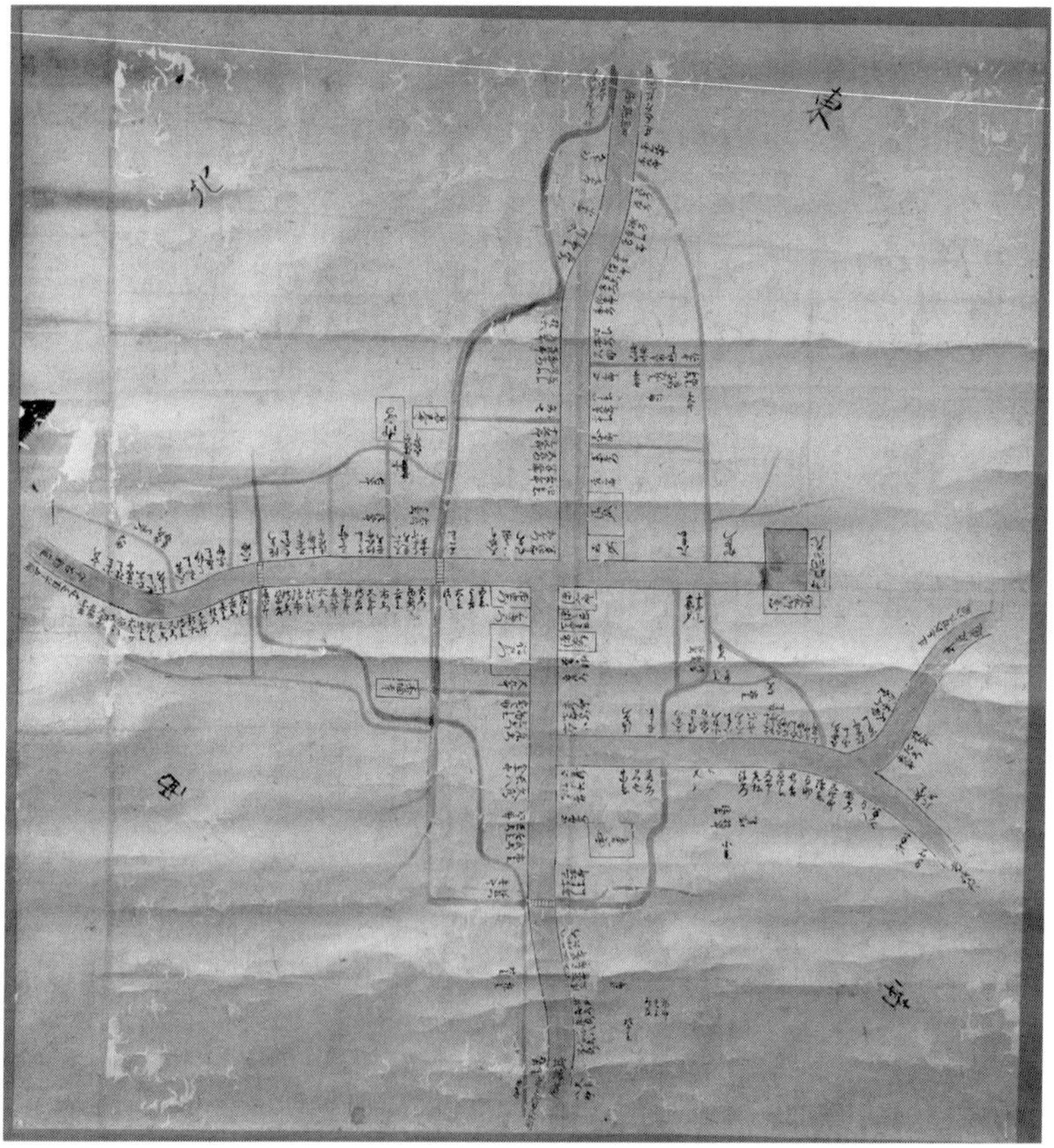

図4-2　安永2年（1773）ころ福野町絵図（南砺市文化芸術アーカイブス）

れた直後の慶安四年のことであり、やはり市日は二・七の六斎市であったという。福光新町は、延宝四年には五八戸であった。

福岡　福岡町は、加賀・能登・越中の測量を推進した石黒信由の記録に、承応年中（一六五二〜五五）の町立とあり、明暦元年（一六五五）分の「福岡新町地子米皆済状」（「大滝村杉野家文書」）も存在するという。今石動と高岡の中間で、参勤交代の「御小休」の場所とされ、また小矢部川に岸渡川などの庄川旧河道下流が合流する地点であり、水陸交通の接点で御蔵・作食蔵があった。延宝四年（一六七六）五八戸、享保五年（一七二〇）一〇〇戸であった。文化七年（一八一〇）には商家四八軒があったとされる。

津沢　小矢部川に山田川・旅川などが合流する地点は、砺波平野の水運の要であった。その合流点に近い津沢に御蔵の開設を願い出ていたのは、すでに述べた福野町・福光新町に関わった、三右衛門であったという。明暦二年（一六五六）には、六〇〇〇石を収納する御蔵二棟が設置された。

さらに万治三年（一六六〇）津沢町の町立願書を提出した。それには、一〇〇〇石の荒地に一〇〇戸を建て、奥行き二五間、間口一間当たり地子銀一匁とすること、御蔵米運搬の帰り荷に灰・塩などを運び、市日一・六・八の九歳市を立てたいとしていた。家数は、延宝四年（一六七六）に四一戸、嘉永六年（一八五三）に一三八戸であった。

砺波平野の市町はこれら計一〇か町にも及んだ。このように砺波平野の開拓による散村の展開は、一方で市町の発達ないし町立を伴っていたことに注目したい。あらためて両者の関わりを、次に整理しておきたい。

伝統的散村と中心集落

散村とは、すでに繰り返してきたように、散在した農家が周囲の農地を耕作する農村の集落形態である。砺波平野の場合、古代には扇側部や扇端部の開発が進んだことが知られ、有力者の住居や溝所・荘所などの建物遺構が発掘されているが、当時の農民の集落形態は不明である。

中世には山麓平野部など庄川の洪水が及ばない場所に散村が成立していたことが、発掘された建物跡や文書史料の記載から明らかである。平野中央部の一部にも近世初めごろまでにはこのような散村が成立し、加賀藩の指定を受けた御藪（事実上の屋敷林）を伴っていた場合が多かった。

近世には、大規模で緩やかな傾斜の庄川扇状地を中心とした平野中央部の開拓も進み、典型的な散村が広く展開した。扇状地上では旧河道が放射状に存在し、また小河川が網目状に流れていた。旧河道から離れた各所には、堆積した表土の比較的厚い部分（マッド）がパッチ状に存在し、その部分の開拓が先行した。マッドの部分を中心に、居を定めて周囲の耕作が始まったとみられる。庄川が現在の河道に移り、築堤されて河道が固定された後には、大規模な水害が減少するとともに、やがて表土が堆積した旧河道でも開拓が進んだ。

砺波散村の特徴の一つは、散在した農家と周辺の農地に加えて、農家に屋敷林（カイニョ）を伴っている点である。屋敷林には欅《けやき》・杉などの高木をはじめ柿・栗・梅などの果実のなる木々や、たけのこが採れ、垣根・稲架などの用材ともなる竹の薮、さらには庭園用の各種の庭木もあるのが普通であることもすでに確認した。

高木は防風や建材として有用であり、果実類・たけのこは食用であった。屋敷林に囲まれた農家の前庭は農作業の場であり、梅干し・切干などの天日干しの場でもあった。

竹は先に述べた食用・農業用の用途のほかに建材ともなった。土蔵などの土壁の心材となるのは伝統的建物一般に共通するが、そのほかに農家の二階（藁・茅などの収納用）の床には丸いままの竹と莚が敷かれ、それがそのまま、一階の天井ともなった。

砺波平野では、近世末ごろまでには大河川の治水事業も行われ、このように住居の周囲を耕作し、農家の散在する散村が、平野全体に広範に展開した。

それぞれの農家は住居の周囲に屋敷林を所有して防風、保温、保冷に役立てるとともに、屋敷林から建築用の木材、燃料、さらに梅・柿・栗などの果実を得ていた。つまり、住居周辺の水田において生業である農業を営むとともに、自給性が強く、完結性の高い生活を確立していたことになる。

このような散村の各農家は、生活と生業の両面における、完結性の高い単位であった。とはいえ、米をはじめとする農産品の年貢納入先や販売先、また農具や衣服、調度品をはじめとするような、購入に頼らざるを得ない物品の購入先として市場町が成立した。点在する市場町は、周辺の散村地帯との関係からすれば「中心集落」であり、都市としての規模からすれば「小都市」であった。

砺波平野における中心集落ないし小都市には、中世起源の寺院門前町を核とする井波・城端や、山麓・谷口の福光・庄川、あるいは主要街道沿いの石動・戸出・福岡、および川沿いの津沢、さらに近世に新たな市場町として町立された出町（杉木新）・福野など多様な起源があったことになる。中心集落は、散村の農家から、徒歩によって一日に往復することが可能な地点であり、農産品の集散地、多様な物品の購買地として不可欠な存在であった。結果的に四〜六キロメートル間隔の小都市群ネットワークを形成した。

これらの小都市群は、生活と生業が一体化した、自律性と完結性の高い農家の散在とともに、それをサービス圏とした地域構造を構成していたことになる。このような、散村と中心集落が一体化した地域構造を、「散村・小都市群地域」とでも呼ぶことができる。しかも、近世に成立したこの構造は、近代に入っても基本的に継続した。

しかし、農業を中心とした散村地域と、商業・サービス業などを軸とした小都市では、生業と生活のあり方が異なった。とりわけ高度経済成長期以前では、交通条件はもとより、生活の利便性においても、情報へのアクセスにおいても、散村地域は小都市に比べると相対的に不利であったことは否めない。

散村の変化

このような散村・小都市群地域の構造は、繰り返しになるが、徒歩交通と手作業を軸とする生活と就業状況を基礎としていた。近代に至っても、一筆一筆の水田は不規則な形状で小さなものであり、田から田へと用水がもたらされる田越し灌漑が普通であった。水路があったとしても、同じ水路の上流側から水を入れ、同じ水路の下流側へと流した。用排水が同一の水流で行われていたのである。この状況では、村全体で一斉に、同じような農業経営をせざるを得なかった（写真4－1参照）。

この段階では、主要街道を除けば、徒歩でしかたどることのできない細い道が普通であった。車社会が到来する以前、荷馬車が重宝された一時期があった。その折でも馬車運送を営む農家へは、馬が引く車両が入らず、車両を街道沿いの小屋に残し、馬だけを引いて馬小屋のある農家に戻る例が少なくなかった。

この状況が少し変わり始めたのは、小規模な耕地整理が始まり、また小型の耕運機や自動車などが普及し始めてからであった。しかしながら散村地域での生活は、点在する小都市での生活とは、利便性の面でも情報の面でも大きな格差が存在したこともすでに述べたところである。

この状況の大きな転換点は、圃場整備事業の展開とともに到来したといってよい。一九六〇年代後半から七〇年代にかけて進行した圃場整備事業によって、農道の整備、水田区画の三〇アール以上への大型化、用排水路の分離と増設などが実施された。このようなインフラストラクチュアの整備によって農業の本格的な機械化が可能となり、同時に進行した自家用車の普及を軸としてモータリゼーションが本格化した。この時期に進行した日本経済の工業化の動向の中で、散村地域へも工場が進出し、圃場整備や機械化によって生じた余剰労働力は工場へと向かい、急速に兼業農家が増大した。

さらに、農業機械・自家用車・テレビ・電話などの普及により、散村地域での生活の利便性は高まった。一方で、中心集落である小都市に存在した市役所・町役場などの市街縁辺への転出、工場・

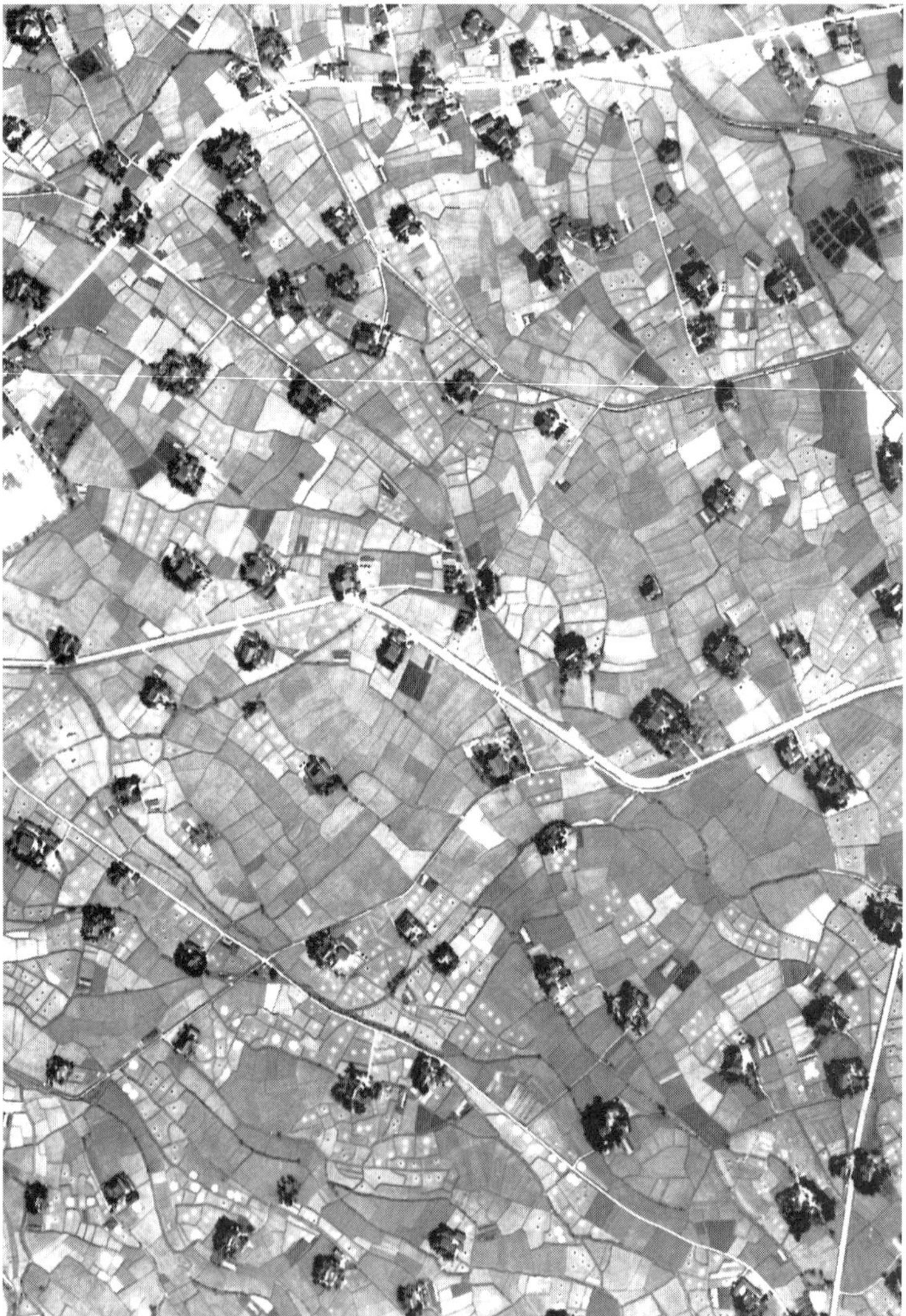

写真 4-1　砺波市鷹栖、圃場整備以前の散村と不規則な土地区画（国土地理院、1953 年）

スーパーマーケットなどの各種施設の散村地域への展開もあって、散村地域と小都市群における利便性の格差は縮まった。自家用車の駐車スペースに事欠かない散村地域は、この点ではむしろ小都市の市街地より有利な条件となり、振興住宅地の散村地域への展開という動向すら生じた。

生活の利便性が増大した散村地域では、生活の場と就業の場として完結性の高い伝統的な散村から、通勤兼業の増大によって、就業の場としての機能よりも、散在した生活の場としての機能が高まることとなった。このような居住環境をかつて「分散型の都市環境」と表現したが、それはこの段階における地域構造の側面であった。

この分散型都市環境においては、中心集落の市街から市役所など都市機能のいくつかの部分が周辺地域へ分散したこと、また工場・大規模店などが散村地域に立地したことも加わって、生活の場としての性格を強めた散村地域と中心集落との違いが不鮮明となった状況が出現したといってよい。この過程の進行にはすでに、農業の機械化に加えて、日本全体の工業化、モータリゼーション、米の作付け制限などの農業政策など、散村・小都市群地域を取り巻く、いわば外的要因がすでに作用し始めていた。

この動向をさらに検討するのが次の課題となる。ただしその前に、典型的な散村・小都市群地帯が展開するオーストラリア各地の動態を眺めてみたい。その特徴を確認し、比較することによって、砺波平野の特性が浮かび上がってくることになろう。

2 小都市群の動態

オーストラリアの農牧業地帯

オーストラリアの場合、農村は大都市圏の近郊野菜栽培地を別とすれば、牧羊・牧牛などきわめて牧畜の要素が強い。農村には違いないが、実態はむしろ農牧業地帯とでも表現するのが適当である。その農牧業地帯はほとんどの場合、農家が散在した散村である。そのような農牧業地帯に散在する農家もまた、中心集落である小都市と結びついている。ただし、農家の経営規模が日本に比べて著しく大規模であるために、日本における状況の延長では考えにくい。そこで、まず農家の代表的な事例を眺めておきたい。その上で、小都市群の状況を確認したい。

オーストラリアに最初の英領植民地ができたのは、大陸東岸のニュー・サウス・ウェルズ植民地(現在は州、首都シドニー)であり、一七八八年のことであった。一八三〇年代後半には、同植民地東南部のポートフィリップ地区の開拓が進み、一八五一年にはヴィクトリア植民地(現在は州、首都メルボルン)として、さらにクイーンズランド植民地も分離した。この間、一八二六年には、バンディーメンズランド植民地(現タスマニア州)も分離していた。

大陸西岸では、一八二九年西オーストラリア(現在は州、首都パース)への入植が始まった。一八三四年には南オーストラリア植民地設立法ができて、一八三六年末には移民が南オーストラリア

（現在は州、首都アデレード）へ到着した。入植・開拓のための土地計画は、各植民地でさまざまな経過をたどったが、詳細は別著（金田『オーストラリア歴史地理』、同『タウンシップ』）に譲り、まず農牧業地帯と農家の状況を全体的に見ておきたい。

一般的に降水量が少ないオーストラリアでは、作物栽培や家畜飼養の状況は降水量に大きく規制されている。従って、散村という点では共通するが、場所によって農牧業の経営内容と経営面積が大きく異なっている。散村とはいえ、隣家が見えないような状況が一般的な地域もある。かつての調査（金田『オーストラリア景観史』）によれば、次のような類型が見られた。

（A）州都などの大都市近郊と、一部の特定の農業地帯などが集約的作物栽培地帯であり、都市への新鮮野菜・果物供給地である。

この集約的作物栽培地帯を除けば、大きく見ると、次の三類型となる。

（B）大陸東南部と西南部の海岸寄りの地域、ならびに条件に恵まれた灌漑農業地帯であり、乳牛などの集約的家畜飼養地帯である。

（C）降水量の少ない、Bの内陸側が中間的作物栽培・家畜飼養地帯であり、典型的な穀物栽培・牧羊地帯である。

（D）さらに降水量の少ない、Cより内陸側と大陸北部が粗放的放牧地帯であり、大規模な肉牛放牧地帯である。

なお、さらに内陸の大陸中央部には砂漠が広がっている。

これらの四類型の農牧業地帯の内、B・C類型の農牧業地帯の農家が典型的な散村であり、本書で比較対象とする散村・小都市群地域でもある。

なお、Aには疎塊村ないし、ポツポツと農家が並んだような集落形態もあるが散村地帯ではない。Dの場合は、農家というより企業的な経営体の様相である。経営者や労働者の住宅はもちろん、専属の小規模な病院・学校や、車・小型航空機関係などの各種施設等が存在する場合もある。企業的な拠点が、それぞれ孤立して存在する状況とみた方が実態に近い。

オーストラリア散村の農家

M家　まず、典型的な灌漑農業地域である、B類型地域を取り上げたい。M家（図4－3右下）の場合は次のような状況であった。M家はヴィクトリア州北部の中央付近、マレー川南岸にあたるディーキン・シャイア（村）の一部、エチューカ南パリッシュ（シャイアの下部単位、約一〇〇〇平方キロメートル）の中央部付近に位置する。メルボルンからすれば、北北西方向へ約一五〇キロメートル付近にあたる。M家西方には、マレー川の支流、キャンパスピー河が流れている。同パリッシュは、

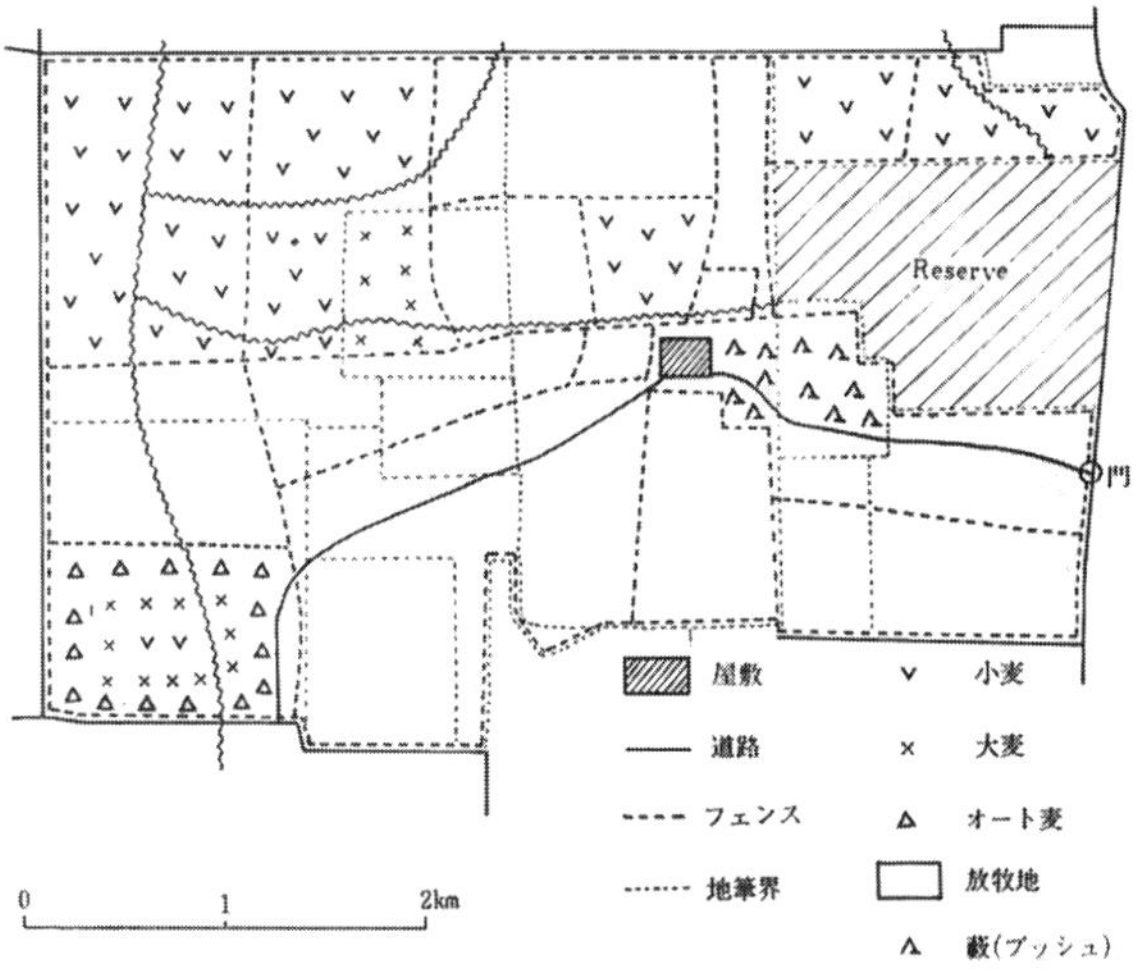

JL家(ケラベリン)の経営地1800haと土地利用(1980－81年度、聞きとりによる)

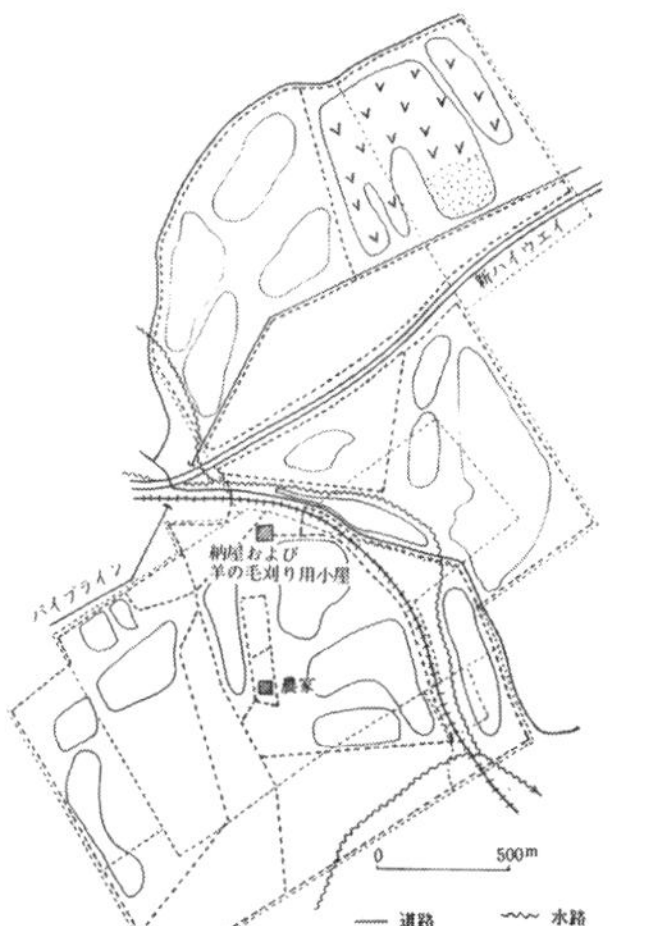

ML家(ノーサム)の経営地408haと土地利用
(1980－81年度、聞きとりによる)

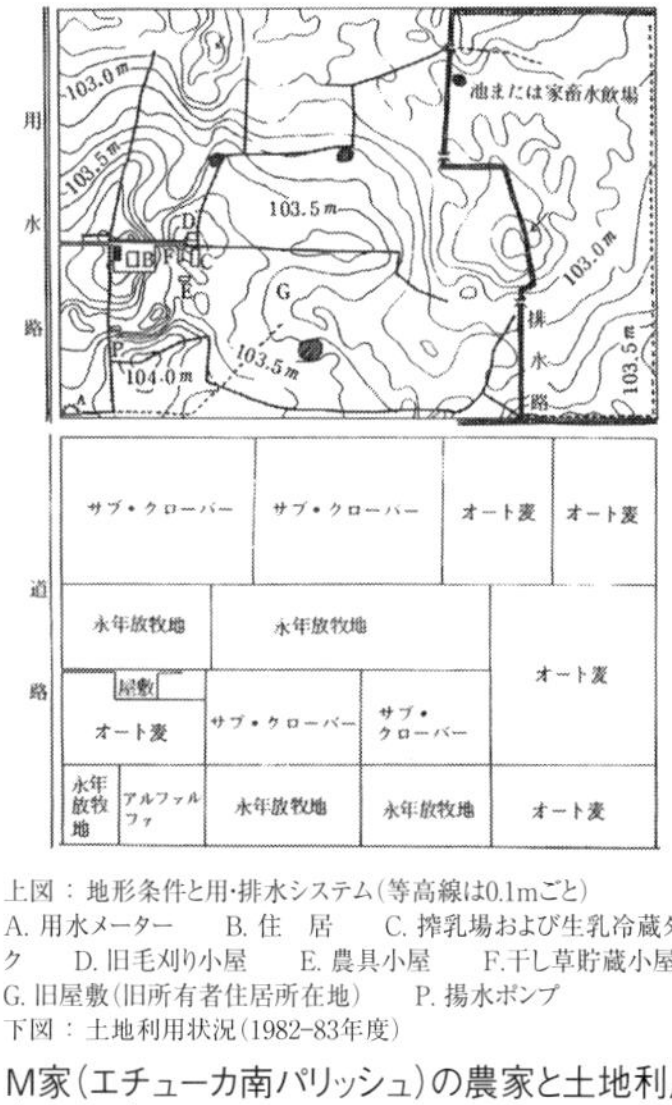

上図：地形条件と用・排水システム(等高線は0.1mごと)
A. 用水メーター　B. 住　居　C. 搾乳場および生乳冷蔵タンク　D. 旧毛刈り小屋　E. 農具小屋　F. 干し草貯蔵小屋
G. 旧屋敷(旧所有者住居所在地)　P. 揚水ポンプ
下図：土地利用状況(1982-83年度)

M家(エチューカ南パリッシュ)の農家と土地利用(174ha)

図 4-3　オーストラリア散村の農家(金田、1998年)

農家数四九（一九八一・八二年度、年途中が年度の変わり目、以下に紹介する農家のデータは同年度の統計）であり、一九世紀末〜二〇世紀初めにダムや溜池が築造され、二〇世紀中ごろには現状に近い灌漑農業地帯が出現していた。

M家はメルボルンで教師をしていた家が移住してきた農家である。経営農牧地の面積は一七四ヘクタールであり、その内、灌漑面積が一二一ヘクタールであった。青刈り用オート麦五三ヘクタール、輪作牧草地八一ヘクタール、永年牧草地四〇ヘクタールを経営していた。これらの飼料によって飼育していたのは、調査時点で、乳牛二一〇頭、肉牛五頭、馬一頭であった。これは、牧牛中心の灌漑農業地帯における標準的経営内容であり、基本的に乳牛飼養中心の家族経営であった。

牛乳は全量を生乳のまま企業へ直接販売していたので、調査時にも乳業会社のタンクローリーが集荷に来ていた。M家の家族は、夫婦と小学生の子供二人であったが、農業は当主が中心であり、息子がその手伝い、妻と娘は子牛のミルクやりなどの世話が担当であった。

ML家　図4―3左下のML家はC類型（中間的作物栽培・家畜飼養地帯）の農牧業地帯であり、パース中心部から東へ約八〇キロメートルの、ノーサム・シャイアにある。緩やかな起伏の丘陵状の地形部分である。開拓時の土地計画に規制されて、農場の形は不整形である。農牧地面積は四〇八ヘクタールであり、三年輪作で小麦三六ヘクタールと、干し草用牧草五ヘクタールを栽培していた。家畜は、羊毛用の羊が約二〇〇〇頭、肉牛約一〇〇頭であり、経営は当主が担い、妻が小学校教師、ほかに中学生の子供二人の家族であった。羊の毛刈りのために、毛刈り職人三人を、合わせて年間延べ三六日雇用したという。

ＪＬ家　図４−３上のＪＬ家は、パース中心部から東へ約一九〇キロメートルの平坦な内陸（ケッラベルリン・シャイア）にある。農牧業の地域分類ではやはりＣ類型に属するが、降水量が少ないために経営面積が先の二例より何倍も大きい。

ＪＬ家は同図のように一八〇〇ヘクタールを経営し、前当主はすでに引退して村の中心集落のケッラベルリンに家を新築し、村長をしている妻（元学校教師）と住んでいた。農場の家には新当主となった息子夫婦と、小学生および学齢以前の子供二人が住んで農場を経営していた。このように、隠居した農家の元当主が、町に移住して生活するのは珍しくない例である。

ＪＬ家の経営地一八〇〇ヘクタールのうち、一四〇〇ヘクタールが可耕地であり、飼料用の小麦・大麦・オート麦の栽培地であった。羊毛用の羊二八〇〇頭、肉牛五五頭、豚四〇～五〇頭、馬四頭、鶏約二〇羽が飼養されていた。四月の毛刈りと、六・七月の播種期に、年間延べ三五〇日の労働力を雇用していた。また、農繁期には引退した元当主も手伝いに通うという。

ＪＬ家はＭＬ家に比べると面積は四倍以上であるが、羊の飼養頭数は一・四倍でしかない。降水量が内陸になるほど少なくなるのが主たる要因である。

このような三か所の農家はいずれも家の周囲に経営農牧地を持ち、典型的な散村のかたちである。しかし経営面積が著しく異なるため、日本の散村に比べて農家の分布密度は著しく低い。

一七四ヘクタールの農地に囲まれたＭ家のあるエチューカ南パリッシュでは、砺波平野の散村の農家の平均耕地面積を一ヘクタールとすれば、分布密度はその一七四分の一となる。エチューカ南パリッシュでは、相互に約一キロメートルもの間隔がある農家分布であろう。それがML家の場合（ノーサム・シャイア）は二キロメートル以上の間隔、JL家（ケッラベルリン・シャイア）の場合は四〜五キロメートルの間隔であると算出されることになろう。

なおJL家の場合、図のように屋敷の東側を中心にブッシュと呼ばれているユーカリ等の自然林が存在し、農家の建物から見れば屋敷林のようにも見える。ただし、原生のユーカリ等が残されたものであり、一部は薪などの採取に利用され、また強い日射を防ぐ機能もあるとみられたが、砺波平野のような屋敷林ではない。

農家とカントリータウン

前項で紹介したM家の場合、三キロメートルほど西南に一九一三年に市街地区画が設定されたストラータランという小さな中心集落があって、一時は人口一〇一人に達したとされるが、筆者が調査した際にはほとんど消滅していた。M家の子供は約一〇キロメートル北のエチューカへ、スクールバスで通学していた。

ML家の場合、近隣の中心都市であるノーサム市街の端まで二キロメートルほどと近接しており、当主の妻はそこの学校へ教師として出勤し、子供も別の学校であるがノーサムへ通学していた。

一方JL家からは、村役場のあるケッラベルリンまではかなり離れ、約二〇キロメートルであった。小学生の長男は、スクールバスが停まる農場の門まで、自分で車に乗って行くと聞いて大変驚いた。アクセルペダルに木片を結びつけてもらい、足が届くようにした古い小型トラックで、住居からの私道を自分で運転して行き（キーはさしっぱなし）、門の前でスクールバスを待つ（帰りは逆）ということであった（図4-3参照）。

これらの散村地帯の中心となる小都市（中心集落）は、通勤・通学先であるだけでなく、買い物や病院・役所などの公共サービスの提供先でもあり、地域社会と地域経済の中心となっていた。

オーストラリアでは、すでに述べたストラータランを含め、このような市街地には、計画的に市街地用土地区画（オーストラリアではタウンシップと称す）が設定されて、いわば計画的に市街が形成されたものが多かった。

ML家から近い中心都市ノーサムはこの地域では相対的に古く、すでに一八三九年設定の入植区画とともに出現していた。一九一一年には人口四二〇五人であり、スワン川下流域に次いで入植が早かったアヴォン川（スワン川支流）河谷の中心都市であった。一九五四年には人口五七二五人、一九八五年には六三七七人と、一貫してこの地域最大の市街であった。

JL家の場合、同家から近くはないが、相対的に近接した中心市街であったケッラベルリンは、ノーサムと同じ年にそれぞれ九〇三人、一一四五人、九〇六人であり、一時は人口が増加したものの、その後減少に転じていた。

右に言及したストラータランやエチューカ、ノーサム、ケッラベルリンなどは、カントリータウンとも呼ばれる。これらのカントリータウンが散村地帯の中心集落であることはすでに述べたが、農家に雇用される労働者の中には、これらの中心集落に居住している場合もあった。ＪＬ家の播種期に雇用され、トラクターで耕作と播種を担う人物はケッラベルリンに居住していた。

なお、羊の毛刈りを担うのは専門の毛刈り職人である。ＭＬ家やＪＬ家に雇用されるような毛刈り職人は、通常二〜四人ほどのチームを作って、各地の農家を移動して働くことが多い。彼らの居住地は近隣の中心集落とは限らず、また、毛刈りを担う顧客の農家を、広い範囲に点々と擁しているのが普通である。

砺波平野の場合と比べると、オーストラリアでは農家の規模や農業そのものが大きく異なる。さらに、農家の分布密度のみならず、カントリータウンと農家との距離もまた、大きく異なる。雇用労働者の存在状況にも相違がある。しかし、散村の農家と中心集落群という存在については、基本的に共通する。

ところが、かつて中心集落であったストラータランがすでに衰微していたことに触れたように、オーストラリアにおけるカントリータウンの変動は大きい。カントリータウンそのものの盛衰を眺めておきたい。

カントリータウンの盛衰

ミッドランズ統計区の小都市群　先に取り上げたカントリータウンの内、ノーサムとケッラベルリンを含む一帯は、州都パースの東方と北方にあたり、西オーストラリア州のミッドランズ統計区とされている。

この統計区は、東西約八〇〇キロメートル以上に及ぶ広い範囲である。図４－４のようにパースから東へ、ノーサム、ケッラベルリン、メレディンを通って、さらに内陸のゴールドラッシュでできた町カルグーリーを経て、最終的にシドニーに至る大陸横断の鉄道と幹線道路が横断するルートでもある。ノーサムからは四方に分岐する鉄道網が見られるように、ノーサムは交通の要衝でもある。

先に述べた農業地帯の類型では、インド洋に近い西から、東の内陸側へと、Ｃ類型からＤ類型へと移行する農牧業地帯である。農場の面積が内陸ほど広いことは、ＭＬ家とＪＬ家の例によってみてきた。図４－４のように、内陸に行くほどシャイアの面積も次第に広くなり、統計区東端のイルガーン・シャイアでは東西一〇〇〇キロメートル以上、南北六〇〇キロメートルほどと、著しく広大になっている。

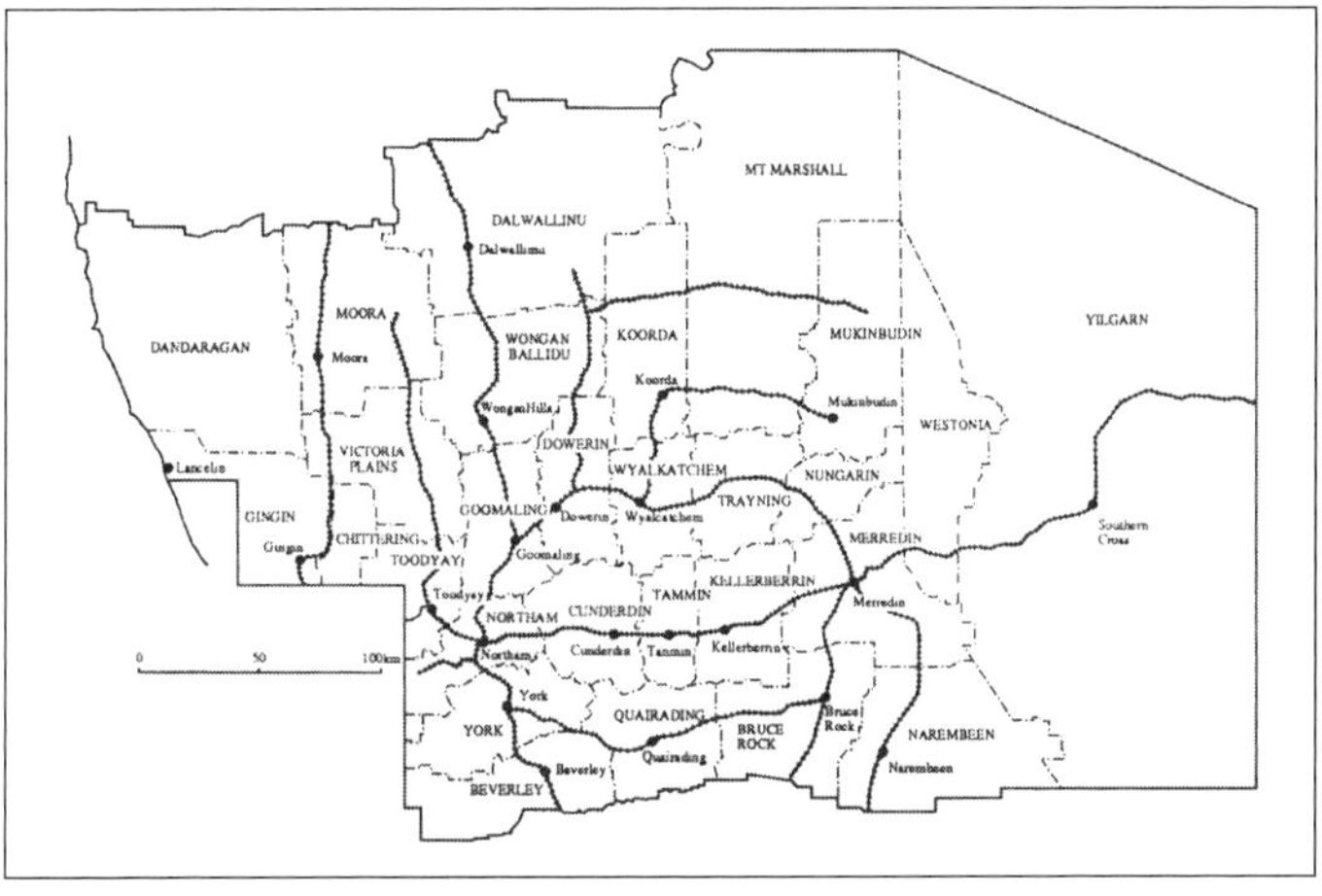

図4-4　西オーストラリア州ミッドランズ統計区の概要（金田、1998年）

図4－5は、ミッドランズ統計区における中心集落群の盛衰の状況を示している。同図のa・b・cは、一九一一年、一九五四年、一九八五年の三か年における、各年次の中心集落の人口を棒グラフで表現したものである。それぞれの中心集落の位置は、座標化したメッシュ（一辺二・五キロメートル相当）の場所で示されている。オーストラリアの統計では、中心集落（タウンおよびローカリティなどの統計単位）の人口が示されているので、ほぼ実質的な中心集落の規模を示しているとみられる。

同図aの段階では、人口が最も多かったノーサムから南へのアヴォン川河谷に並ぶ、三つの中心集

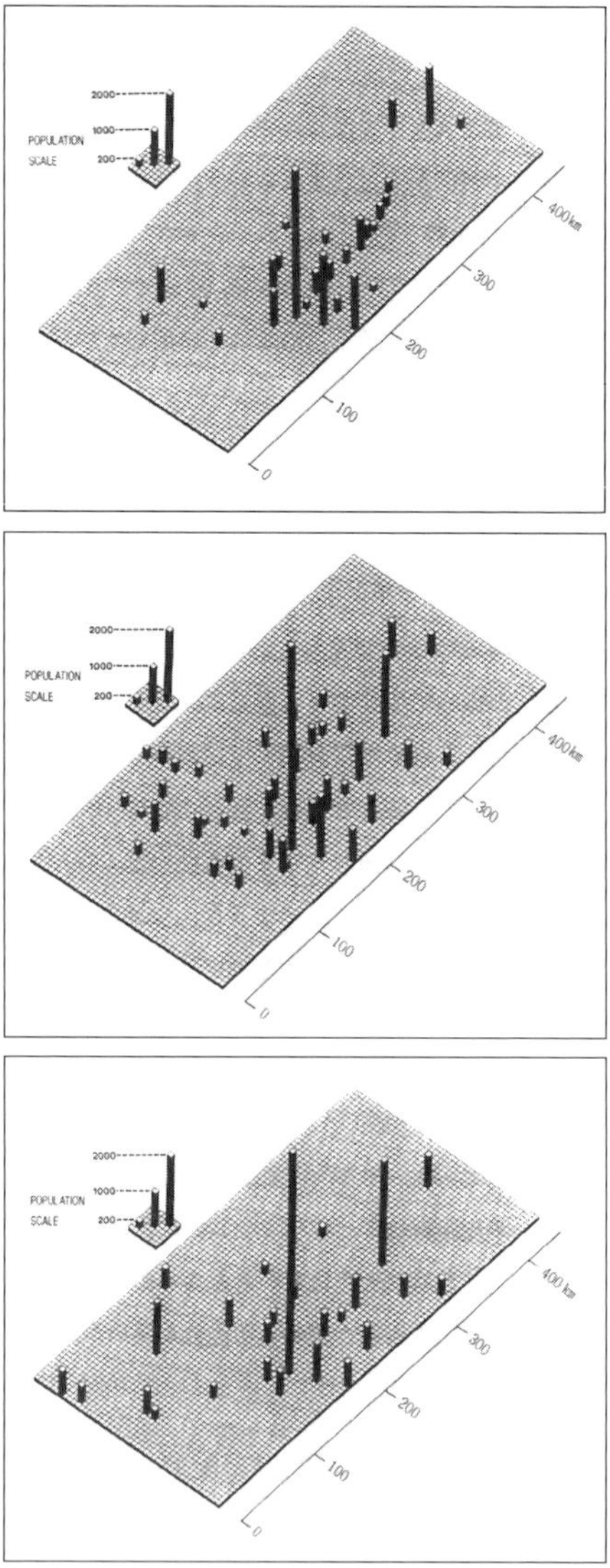

図4-5　西オーストラリア州ミッドランズ統計区における中心集落の人口変化〈a（上）1911年、b（中）1954年、c（下）1985年〉（金田、1998年）

落の人口が比較的多い。またノーサムから東へと続き、東端のサザン・クロスに至る前述の大陸横断鉄道・幹線道路沿いにも小規模な中心集落が並んでいた様子が知られる。

同図bの段階では、ノーサムの人口が引き続き増大する一方、最も内陸のサザン・クロスが縮小し、周辺の開拓の進行とともに、統計区全体に多くの小規模な中心集落が成立していた状況が知られる。

同図cの段階になると、これらの小さな中心集落の多くが消滅し、ノーサムや、東の交通要衝でもあるメレディンが成長したことが知られる。

全体としては、開拓の進行に伴って中心集落の数が増大し、やがて相対的に大きな中心集落の中にさらに規模が大きくなるものがある一方で、小規模なものの多くが消滅していることが知られる。

このように中心集落の盛衰が著しく、どうして相対的に大きな中心集落が成長し、なぜ小さな中心集落が消滅したのかといった状況の背景を検討する必要がある。

このb・c間、つまり一九五四〜八五年において、経済・社会・技術の大きな動向として想起されるのは、すでに述べたように開拓の進行と、交通手段の変化である。鉄道の列車と馬車・牛車が中心であった交通手段が、多くの場所で自動車の普及が進み、急速に車社会へと転換が進んだことである。ただし内陸の道路状況の良くない地域ではその後も、去勢牛に牽かせる、難路に強い牛車が穀物・羊毛の運搬に活躍した。

ボラング郡の小都市群　もう一例、西オーストラリア州よりやや早く開拓が進んだヴィクトリア州の場合を検討したい。ボラング郡は、メルボルンから西北西へ二一〜三〇〇キロメートル付近のウィメッラと呼ばれる農牧業地帯である。図4－6のように、比較的均等に鉄道網が展開しており、シャイアの面積規模もまた、比較的均等である。現在は、中央部西寄りのホーシャムが最大の中心都市である。

図4－7のa・b・cは、ミッドランズ統計区の場合と同じ三か年におけるヴィクトリア州ボラング郡における小都市群の人口である。先に紹介した農牧業地帯の分類ではやはりC類型に属するが、ミッドランズ統計区と異なり、郡内は、ほぼ均等な農牧業地帯の散村である。

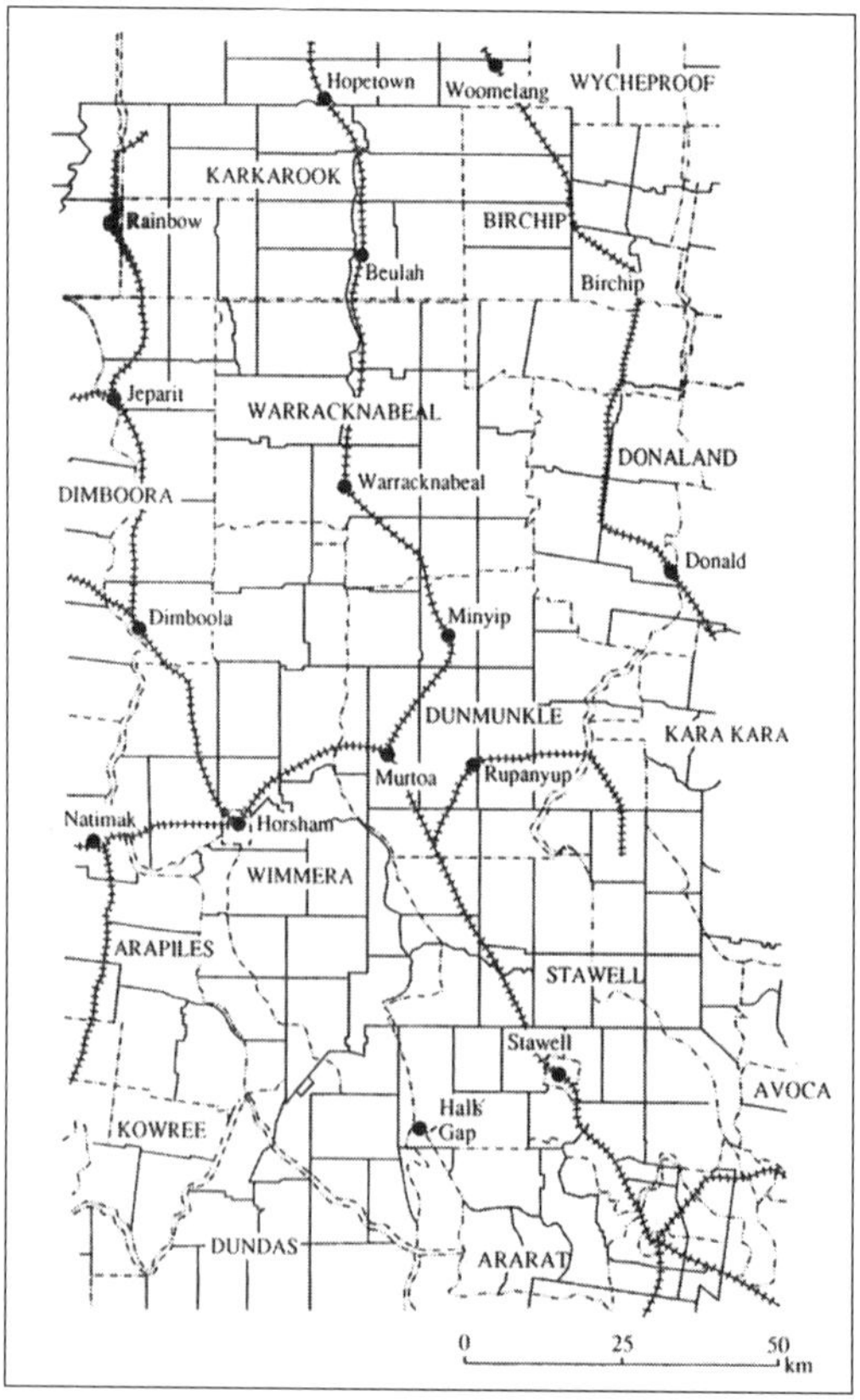

図4-6　ヴィクトリア州ボラング郡の概要（金田、1998年）

同図a（一九一一年）の段階では、東南部のストーウェルが人口四八四三人で同郡最大の中心集落であった。ストーウェルはかつてプレザント・クリークと呼ばれた金鉱都市であり、一八五三年に成立していた。これに対してホーシャムは、これに次ぐ都市で人口三五五四人であった。同図ではさらに、郡内に数多くの小規模中心集落が広く分布していたことも知られる。西オーストラリアのミッドランズ統計区の場合ではbの段階で見られた状況が、ボラング郡ではすでにaの段階で出現していたことになる。開拓が進み、農牧業が盛んとなって散村が展開し、中心集落もまた、それに伴って数多く成立していたことになる。

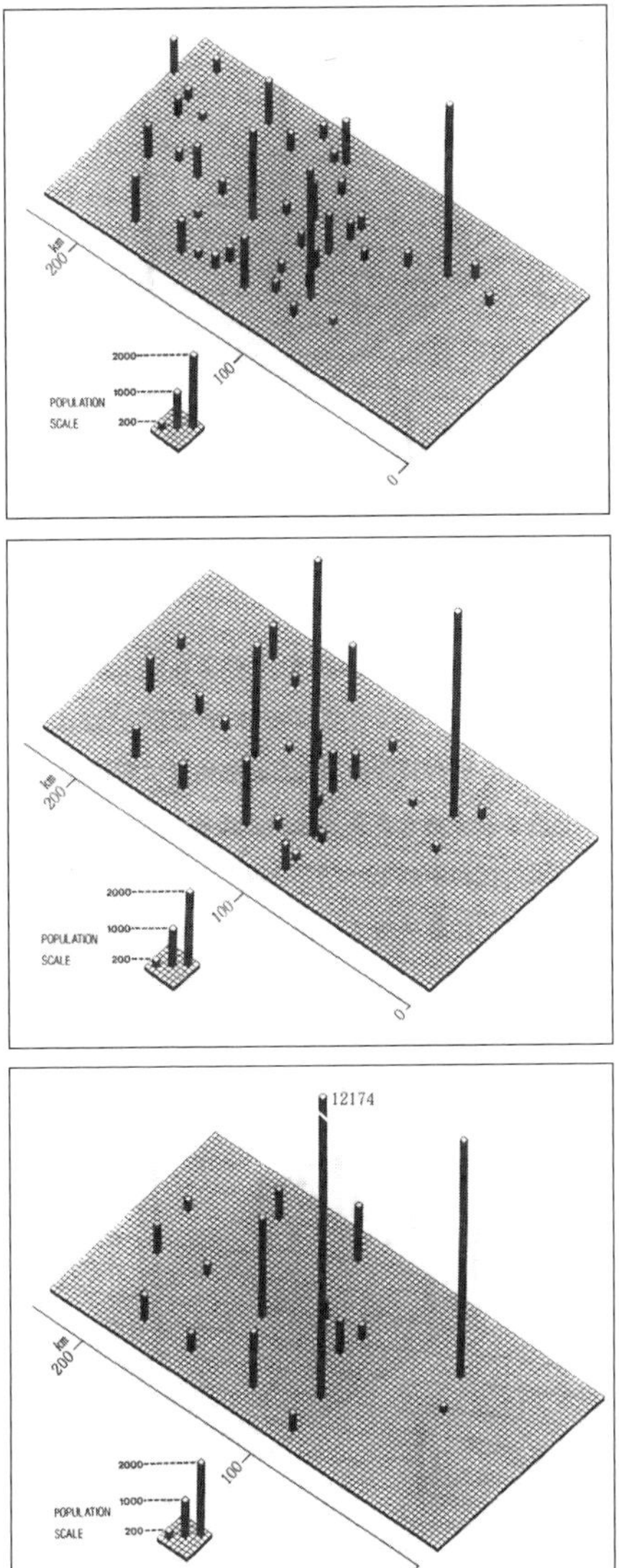

図4-7　ヴィクトリア州ボラング郡における中心集落の人口変化〈a（上）1911年、b（中）1954年、c（下）1985年〉（金田、1998年）

同図b（一九五四年）の段階では、早くも規模の大きな集落がさらに発達し、小規模な中心集落の数が少なくなるといった中心集落の淘汰が進んでいた。ミッドランズ統計区ではcの段階で見られた状況である。

ボラング郡では、同図c（一九八五年）の段階になるとこのような淘汰がさらに進み、多くの小中心集落が消滅するとともに、ホーシャムの人口は一万二一七四人で郡内最大となり、ストーウェルは二番目の六二五二人であった。a・b・cそれぞれの段階で、ミッドランズ統計区の一段階先の小都市群の状況であったと見られることになる。

図4－7は、図4－5と同様に一辺二・五キロメートルのメッシュで中心集落の位置を示しているので、中心集落間の距離を概観することができる。実際に算出してみると、中心集落数が最も多かった、ボラング郡の図4－7aの段階では、中心集落間の平均距離は一二・三キロメートルである。

ボラング郡では、この一二・三キロメートルが、同図bの段階で一六・二キロメートルになっている。この間の一九二〇～三〇年代においては、交通・輸送の主力は馬車・牛車から自動車へと転換し始めたが、鉄道は依然として最も主要な長距離交通・輸送手段であった。

さらに同図cの一九八六年になると、中心集落間の平均距離が二五・三キロメートルに拡大していた。大都市近郊を除けば、鉄道はすでに一部の長距離旅客と羊毛・穀物などの重量物輸送に限定され、自動車が駅・中心集落への短距離の、ほとんどすべての交通手段であった。

ボラング郡における散村の各農家から最寄りの中心集落への最大一二～一三キロメートル程度の距

離（c段階の中心集落間平均距離の半分＝近隣中心集落への最大距離）、とりわけオーストラリアの農牧業地帯におけるこの距離は、自動車を利用する場合では、あまり抵抗のない状況となった。この車社会への転換という社会状況が、中心集落の淘汰を加速した大きな理由であろう。

ところで、このような中心集落間の距離についてはすでに研究成果の蓄積がある。南ドイツや中国・南インドなどの旧大陸の場合では、最低次の中心集落間ないし市場間の距離が四〜一〇キロメートルとされている。

ボラング郡の場合と比較すると、a段階の一九一一年でも一二・三キロメートルであったから、旧大陸における最長の場合よりさらに長い距離であったことになる。

ちなみに、すでに述べた砺波平野の場合では、市場町（中心集落）間の距離は四〜五キロメートルであり、旧大陸の場合の最短距離に近い。この距離はまた、西オーストラリア州ミッドランズ統計区のケッラベルリン・シャイアの散村地帯においては、中心集落間の距離ではなく、むしろ農家間の平均距離に近い。

砺波平野の中心集落

オーストラリアの例をふまえて、砺波平野を振り返ってみたい。一七世紀末の砺波平野には、一〇か所の中心集落が出現していたことはすでに述べた。

近代初頭まで、これらの中心集落はすべて継続して存在し、近代に入って明治五年（一八七二）ごろには、次のような状況であった（戸数の一部は類似年）。統計単位がオーストラリアとは異なり、町村制施行後の日本の行政村の範囲はさらに広域なので単純な比較はできないが、先に近世の戸数を示したので、比較のために、明治五年の場合も戸数順に並べてみると次のようである。

①石動（一〇八六戸）、②福光（八七一戸）、③井波（五五三戸）、④福野（四五二戸）、⑤戸出（四〇五戸）、⑥中田（三一一戸）、⑦福岡（一五二戸）、⑧津沢（一三八戸）など（城端・出町は不明）。

一七世紀の中心集落成立以来一九世紀末まで、中心集落の数は変わっておらず、戸数もまたすべて増加していたことになる。

一九五〇年には①福野（二三七九戸）、②石動（二一五四戸）、③井波（一四七七戸）、④出町（一四一七戸）、⑤福光（一三七四戸）、⑥戸出（一一〇二戸）、⑦福岡（一一四五戸）、⑧城端（一〇六八戸）、⑨中田（六〇二戸）、⑩津沢（五六二戸）であり、ほかに東山見・吉江・南山田・般若が五〜六〇〇戸であった。

明治五年とこの年の間において、上位半分の順位は入れ替わっているが、中心集落一〇か所が継続していることは変わらず、しかもすべての中心集落の人口が増大している。

さらに、一九六六年に高岡市に編入合併された、北部の戸出・中田町を除くと、一九八九年の人口は次のようであった。

①石動九五四八人（二四三四戸）、②出町六八三九人（一八四二戸）、③福岡八二五〇人（二〇五〇戸）、④井波六七九五人（一八一七戸）、⑤福光五八五五人（一六〇八戸）、⑥福野四七二四人（二五四六戸）、

⑦城端三七三五人（九九三戸）、⑧津沢三三七六人（八三二戸）、⑨青島二三七三人（六一六戸）。
このうち福野は、戸数では依然として一位であったが人口では八位となっており、出町が人口で二位になっていることが目立った変化である。一九五〇年と比べて人口が増加しているのは福岡・津沢・青島といった相対的に規模が小さい中心集落のみであり、他は逆に減少している。

この動向をオーストラリアの例に比べると、いくつかの点で大きな違いがある。まず砺波平野の中心集落網は、一七世紀に出現し、その後約三世紀にわたって、戸数・人口の増加に伴う規模順位の変化や若干の人口減少の例はあるが、中心集落の立地については変化がないことである。オーストラリアで頻発したような、中心集落が消滅した例は存在しない。

この結果、中心集落間の距離も変化せず、四〜五キロメートル程度のままである。中心集落の淘汰が進み、拡大著しいオーストラリアの中心集落間の平均距離と比べると四分の一〜七分の一である。さらにオーストラリアで顕著であった、交通手段の変化に伴う中心集落網の変化もなかったようにみられる。

しかし、変化がまったくなかったわけではない。図4－8は一九五〇〜八九年の地区ごとの人口増減を示したものである。同図に見られるように、福岡・津沢・青島だけが人口増加であり、残りの石動・出町・福野・井波・福光・城端はいずれも減少である。増加を示す福岡は、この地域の最大都市である高岡に隣接する中心集落であり、その影響を受けているとみられる。津沢・青島は、最下位ないしその次の小規模な中心集落である。

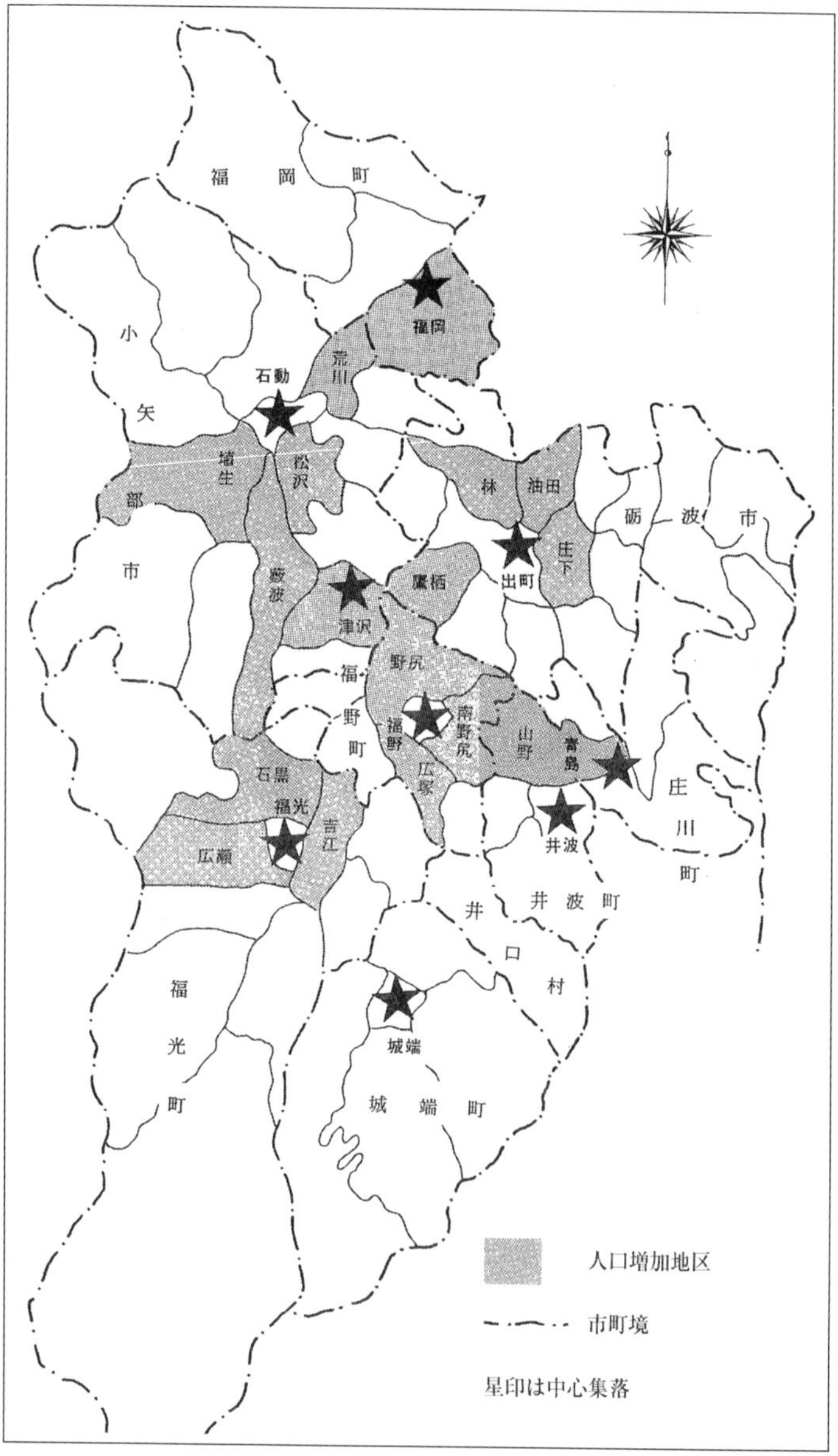

図 4-8　砺波平野の人口増加地区〈1950 ～ 89 年〉（金田、1990 年）

一方、人口減少を示している石動などの六つの中心集落では、城端を除いていずれも、中心集落と隣接する地区の人口が増加している。換言すると、中心集落そのものの人口は減少しているが、その郊外に当たる隣接の散村地区の人口が増加しているのである。

この現象が何を意味しているのかに注目する必要があるが、それを次章の課題の一つとしたい。

◎主要参考文献

城端町史編纂委員会編・刊『城端町史』一九五九年
福野町史編纂委員会編『福野町史』福野町、一九六四年
砺波市史編纂委員会編『砺波市史』砺波市、一九六五年
井波町史編纂委員会編『井波町史　上巻』井波町、一九七〇年
福光町史編纂委員会編『福光町史　上巻』福光町、一九七一年
小矢部市史編纂委員会『小矢部市史　上』小矢部市、一九七一年
庄川町史編さん委員会編『庄川町史』庄川町、一九七五年
前田育徳会『加賀藩史料　第四編』清文堂出版、一九八〇年
金田章裕『条里と村落の歴史地理学研究』大明堂、一九八五年
金田章裕『オーストラリア歴史地理』地人書房、一九八五年
金田章裕『オーストラリア景観史―カントリータウンの盛衰―』大明堂、一九九八年
金田章裕・藤井正編『散村・小都市群地域の動態と構造』京都大学学術出版会、二〇〇四年

佐伯安一『近世砺波平野の開発と散村の展開』桂書房、二〇〇七年
新藤正夫（金田章裕編）『富山　砺波散村の変貌と地理学者』ナカニシヤ出版、二〇一一年
金田章裕『タウンシップ――土地計画の伝播と変容――』ナカニシヤ出版、二〇一五年

5 農業構造の変化と砺波散村

1 農業構造の変化
2 散村と屋敷林の動向

1　農業構造の変化

用水取入口と合口化事業

加賀藩による庄川新河道の固定と千保《せんぼ》川との分離工事によって、旧河道への洪水流の流入がほとんどなくなり、開拓が進んだことはすでに述べた。既存・新開のいずれの田においても安定した灌漑用水が不可欠なことはいうまでもなく、扇状地上の用水路の整備も進んだが、その水源もまた基本的に庄川であった。

庄川には多くの用水の取入口が設けられ、図5－1のように右岸に芹谷野・六ヶ・針山中田口の各用水取入口が計三か所、左岸に二万七千石・舟戸口・鷹栖口・若林口・新又口・千保柳瀬口の各用水取入口が計六か所設置された。これらの取入口は、近代に入っても木製の水門であり、庄川河道に聖《ひじり》牛《うし》（図3－5参照）と、石を詰めた蛇籠《じゃかご》からなる堰を設けて河水を貯め、水門に導いた。

ところがこのような堰は、増水・洪水などで、しばしば流失したり破損したりした。取入口もまた、河床の変動や土砂の流入などのために補修を必要とした。さらに、下流側の取入口は用水量の確保に困る事態も発生し、上流側の取入口と対立することも多かった。

近代に入ってもこの状況は基本的に変わらなかった。明治二四年（一八九一）の富山県内各地の洪水発生を契機に、東砺波郡長が各取入口の村々に対し、取入口を合口《ごうくち》すれば、費用負担を軽減しなが

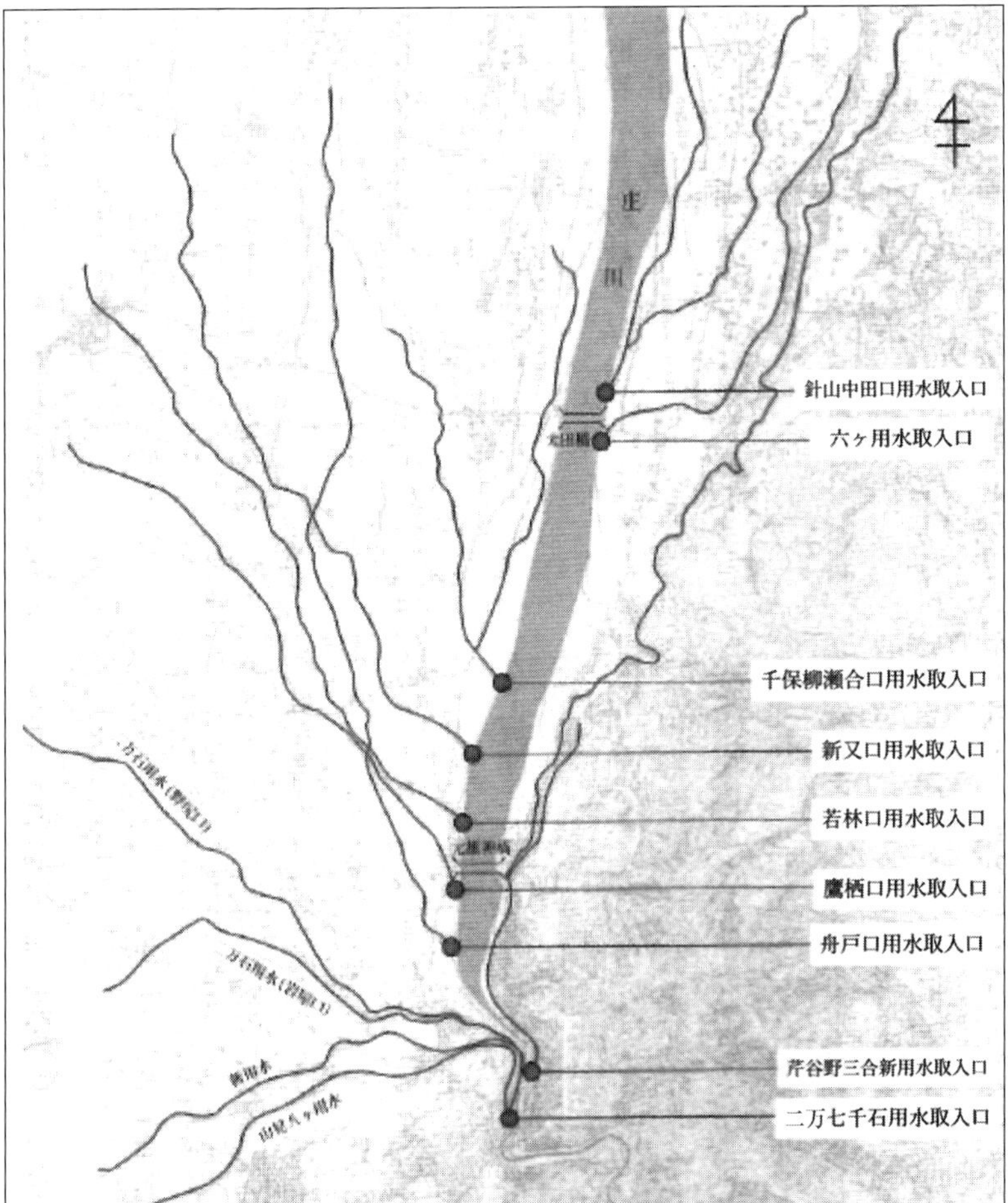

図 5-1　合口以前における庄川の用水取入口
(庄川沿岸用水土地改良区連合、2009 年)

ら強固な共同堰を築造することができ、また適正な配水ができるとの意向を示したが、上・下流の利害が合わず、実施に至らなかった。

しかし大正五年（一九一五）、浅野総一郎が水力発電のために、庄川上流の小牧に「高堰提」を築造す

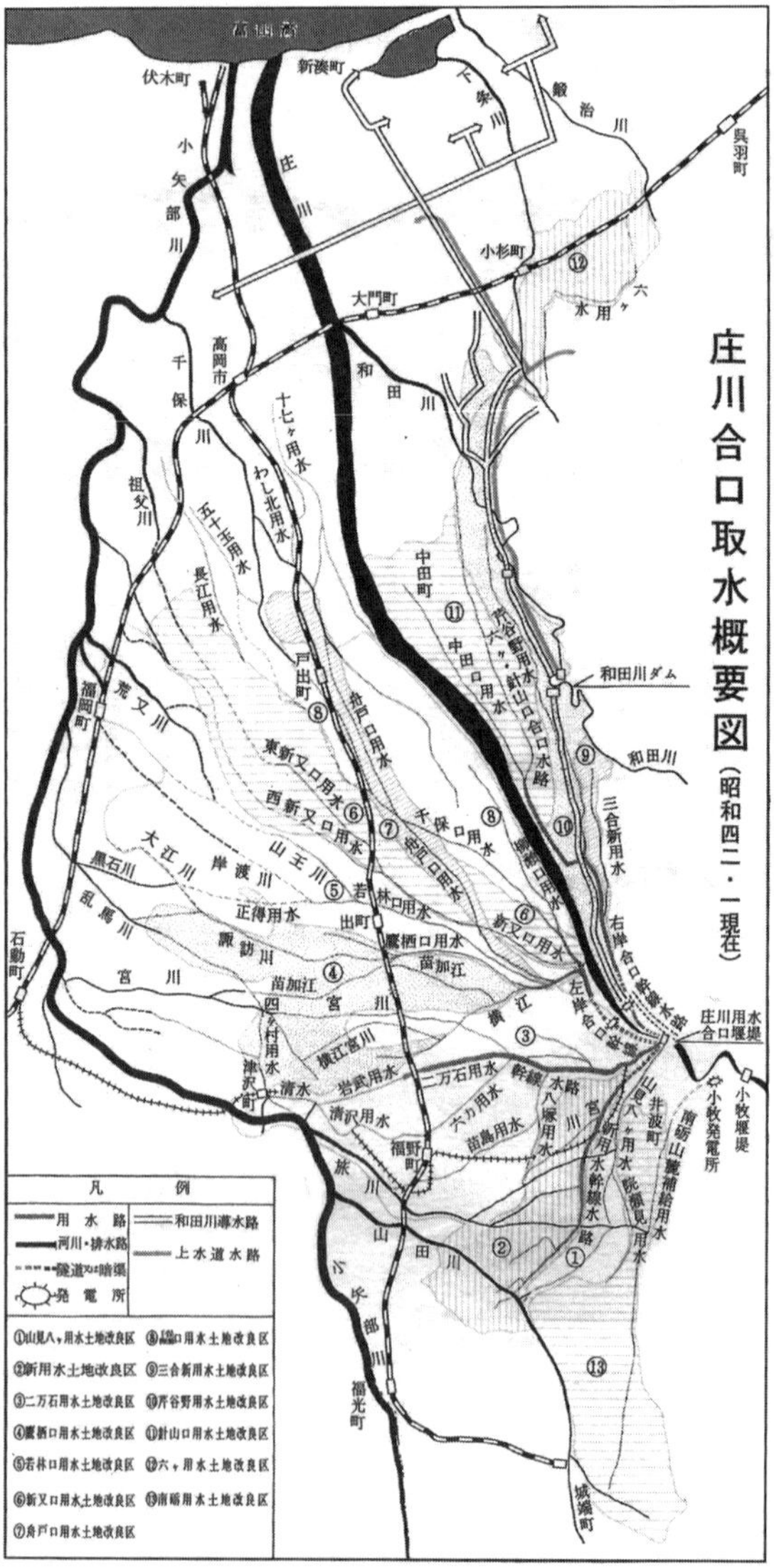

図 5-2　合口堰堤と用水路（庄川合口用水史編集委員会、1967 年）

る計画を県に提出したことで、状況が大きく変化した。これが実現すると下流への土砂の流出が少なくなり、河床が低下して各取入口から用水を取水することが困難となる可能性や、高堰堤が破堤した場合には下流側での大きな被害の可能性が予測され、用水取入口を合口する気運が高まることとなった。

翌六年、東砺波郡長の申請を受けて、県が「庄川農業用水取入口合口計画」の大綱を作成した。翌年には県議会の議決を経て実地調査を開始し、「庄川筋用水合口計画概要」を公表した。しかし上流側と下流側の利害の食い違いは続き、また関東大震災の発生もあって、ただちには実現には結びつかなかった。

ところが、一方で小牧堰堤工事が進行していることが再び追い風となり、大正一五年に、県議会で合口事業の実施が決定された。昭和二年（一九二七）には国による第一期事業への補助が認められ、翌年から用地買収が始まった。

同年締結された「左岸用水合口に関する覚書」はしかし、上流側の「二万七千石用水」に著しく配慮したものであった。その内容は、合口後においても、旧慣による必要水量を優先的に取り入れること、合口費用の負担をしないこと、維持費は総額の六分の一以下（左岸取入口数の均分以下）とし、これまでの五年間平均以下とすることなど、であった。

写真 5-1　古上野用水分岐堰

さまざまな調整を終えた昭和一〇年（一九三五）、庄川町金屋（現・砺波市金屋）の藤掛橋上流において堰堤本体、ならびに左岸幹線水路の工事が始まった。同一四年には合口堰堤の大部分が完成し、湛水と用水路への通水が始まった。また、左岸幹線水路の途中に建設された中野発電所も運用を開始した。続いて右岸幹線水路の工事に入り、すべてが終了したのは第二次世界大戦中の昭和一八年であった。

このようにして完成した合口堰堤で湛水された水は、図5－2のような用水路を経て（写真5－1参照）灌漑用水や発電用水として使用されるだけでなく、上水道水（南砺市松島浄水場、昭和五一年供給開始）や工業用水としても使用され、砺波平野の農業・生活をはじめ、産業全般の重要なインフラストラクチュアとなっている。

耕地整理と新たな栽培作物

耕地整理法が施行されたのは明治三二年（一八九九）であった。同法や先行した畦畔《けいはん》改良法・田区改正についての説明は前著（『なぜ、日本には碁盤目の土地が多いのか』）に譲り、砺波平野での耕地整理の実施状況について触れておきたい。

新藤正夫の整理によれば、旧砺波郡が分かれた東・西砺波郡における耕地整理可能面積は計二万一五四五ヘクタールであった。この内、昭和一三年（一九三八）時点での工事完了が六七一ヘクタール、工事中が三五七五ヘクタール、合わせて二〇パーセントであった。庄川流域のみでは、水田面積一六一〇八ヘクタールの内、二二パーセントが施行済であった。

第二次世界大戦後の昭和二六（一九五一）年以降、耕地整理事業はさらに進んだ。この時期には用排水路の整備、暗渠排水施設の整備も実施されるようになった。戦前に開始された事業も含め、昭和一四年から昭和四〇年にかけて砺波平野では、「山田川（小矢部川支流）沿岸用水補給、小矢部川上流用水改良、同沿岸用排水、同下流左岸土地改良、黒石川（砺波市出町付近から高岡市福岡町へ）沿岸排水改良、二万石用水土地改良、出町他六ヵ村用水改良、庄東（庄川東岸）用水改良、庄西（庄川西岸）用水改良、砺波中部用排水改良、岸渡川・新又川沿岸用排水改良」などの事業が実施された。

耕地整理事業による土地区画は一反（一〇アール）程度が多く、農道の幅も一間（一・八メートル）程度であった。耕地整理以前における砺波平野の水田区画には、小さく不規則な形状が多く（写真4－1参照）、この規模でも農業経営にとっては、とりわけ小型農業機械の導入には有利な状況となった。また用排水の改良作業は、庄川扇状地の扇端部以下や、小矢部川流域において重要な役割を果たし、水田単作が中心であった農業構造に変化をもたらした。

この時期にはまた、チューリップ、鹿の子百合、クロッカス、ヒヤシンス、ダッチアイリスなどの花卉球根栽培が導入されたことにも触れておきたい。中心はチューリップであった。

水田裏作として球根栽培が始まったのは、旧庄下村（砺波市庄下）であった。大正一三年（一九二四）ごろから始まり、昭和一五年（一九四〇）には四〇万球をアメリカ向けに輸出したとされる。第二次大戦で市場を失ったが、昭和二三年には再び一〇万球の輸出にまで回復したとされる。

扇状地上の乾田はもともと球根栽培に適していたが、一〇アール当たり約七〇〇時間の労働力を要するとされたチューリップ栽培は容易に増加しなかった。ところが耕地整理後において小型の動力耕運機が普及すると、昭和二七年ごろから栽培農家が急増した。

新藤によって報告された、庄川扇状地扇端に近い高岡市是戸地区のK氏の場合が、この過程をよく反映している。K氏は昭和二五年に一アールの栽培を始めて、まず年々、種用球根を増やした。同二八年に栽培面積を九・一アールに拡大して初めて出荷し、同四九年には一六〇・二アールにまで拡大した。同四八年の出荷数は四五万球に達したという。

圃場整備と道路網の変化

日本では昭和三〇年代後半（一九六〇年代前半）に入り、高度経済成長期が始まると急速に工業が発達し、農業従事者と工業労働者との間の収入格差が顕在化した。全国的に都市部の工場などへの通勤が増加し、それとともに農業の兼業化が進んだ。やがて、モータリゼーションが進行し、農業の機械技術も進展すると、散村地域においても自動車の通れない細い道路と、小さく不規則な水田区画の改良が必要となった。

この動向の中で砺波平野では、全国に先駆けて圃場整備事業が始まった。砺波散村の標準的農家は、一ヘクタールほどの水田経営を中心とした小規模経営であったが、既存の主要道路の拡幅と新たな広い農道の増設、三〇アールを標準とした広い水田区画への転換、および用排水の分離を伴う水路網の整備が行われた。これは基本的に農業の機械化・省力化を主目的とする事業であり、各種の農業機械や技術の導入、農業就労時間の短縮などを進めることとなった。

昭和三七年（一九六二）、砺波市東野尻地区が事業の指定を受けて圃場整備を始め、翌年から庄下・若林・油田地区、次いで林・高波・五鹿屋地区でも事業が開始された。同四三年（一九七三年）末までに、圃場整備可能地の八六・八パーセントが実施済となった。そのころ砺波市（一九七五年農林業センサス）では、農家戸数四八〇六戸、耕地面積五〇三〇ヘクタール（水田率九八・五パーセント）、一戸当たりの耕地面積一・〇五ヘクタールであった。

最初に実施された東野尻地区の一部では、圃場整備以前に図5－3左のような不規則で小さな区画の水田であったが、圃場整備後はほぼ平行な農道と用排水路で区画された長方形を基準とした水田区画となった（図5－3右）。

ただし幹線道路と農家の位置は、旧来の位置を踏襲したので、不規則なままの形状・配置であった。同図のように、各農家が自宅周辺に経営耕地を集中する散村の様式も原則として踏襲された。またその結果、三〇アールほどの長方

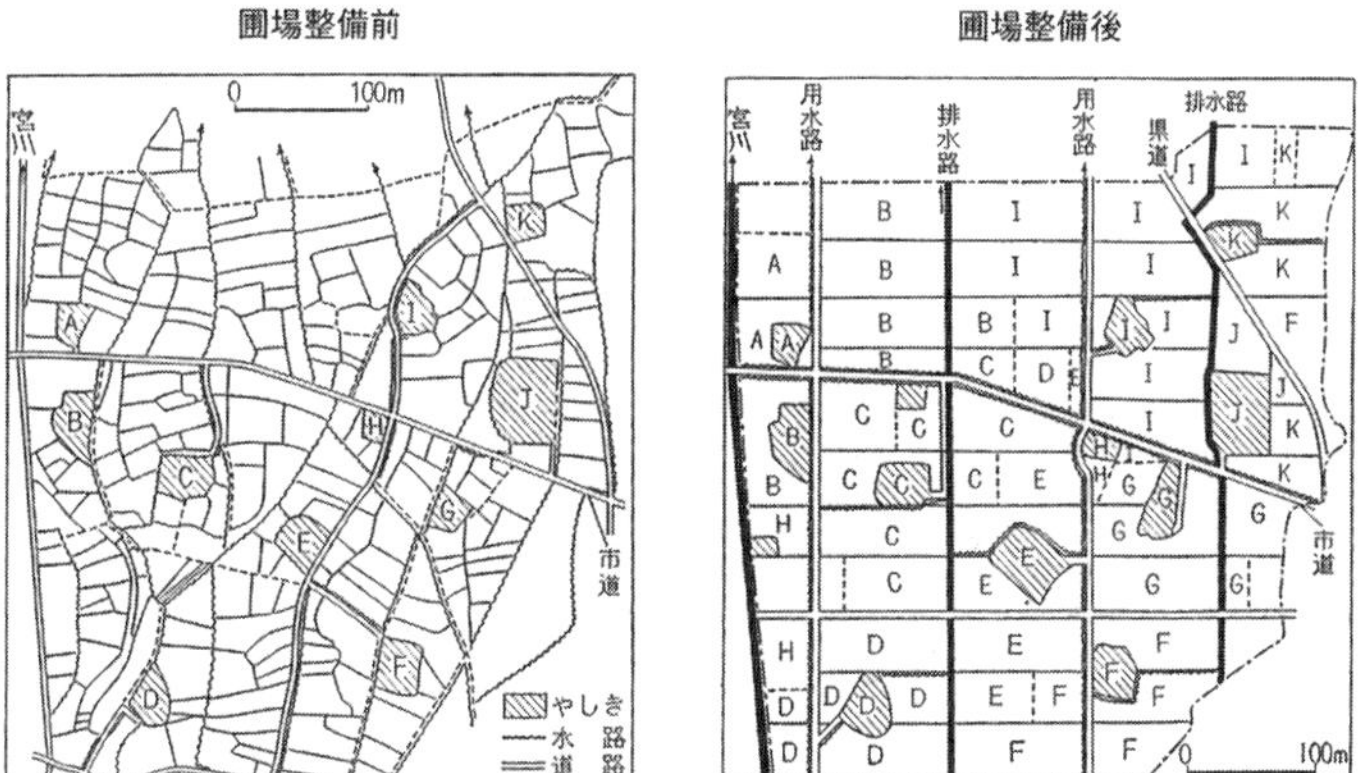

図5-3　砺波市東野尻地区の圃場整備以前・以後の水田区画（新藤正夫、2011年）

形の区画全域が、一筆耕地として特定農家の経営となる場合は少なく、別の農家との分割経営となる場合も多かった。

道路は、幹線農道を幅五〜六・五メートルのアスファルト舗装、支線農道を幅三〜五メートル程度の敷砂利舗装とした。これによって機械化・モータリゼーションへの対応を図るものであった。

やはり一九七五年農林業センサスによれば、先に述べた砺波市の農家総数の内、トラクター（一五馬力以上）が一三・一パーセント、田植機が五三・一パーセント、バインダーが四四・八パーセント、コンバインが三〇・五パーセント、乾燥機が四二・二パーセントといった普及状況であった。

新藤正夫によれば、「鷹栖農業機械利用組合」では、大型トラクター一二台、大型コンバイン一台などが導入された。導入主体の範囲や名称は異なるが、大型トラクターは、東野尻（九台）、庄下・林（各七台）、東部・中野（各五台）、東般若・南般若・若林（各四台）、高波（三台）、太田（二台）、五鹿屋第三常会・柳瀬（各一台）などでも導入された。機械化・省力化が進んだことが知られる。

一方道路網全体としては、圃場整備以前の道路網（幅一・五メートル以上）は、一九三〇年地形図によると、図5－4のような状況であった。平野全体に中心集落を結ぶような道路網からなっていたが、図5－3の東野尻のような曲がりくねった道からなる、不規則なパターンが広がっていたことが知られる。

これが圃場整備以後においては、一九七七年地形図からやはり道路網（幅二メートル以上）を抽出すると、図5－5のようになる。一見して、道路密度が著しく高くなったことが判明する。しかも図5

－4と異なり、この段階では幅二メートル以上の道路網を抽出しており、道路の幅そのものも全体的に広くなっていた。

　このような道路網において、砺波平野のバス路線網は、圃場整備以前の昭和三〇年（一九五五）の段階では、中心集落から周辺へのルートを中心としたものであり、路線密度も運行回数もまだ少なかった。これがピークを迎えたのは同四〇年代前半であったが、同時に一部ではすでに廃止路線が出現し始めていた。

　この背景には、すでに始まっていたモータリゼーションの進行があり、砺波市では昭和四〇年に、〇・九世帯に一台と、当時とし

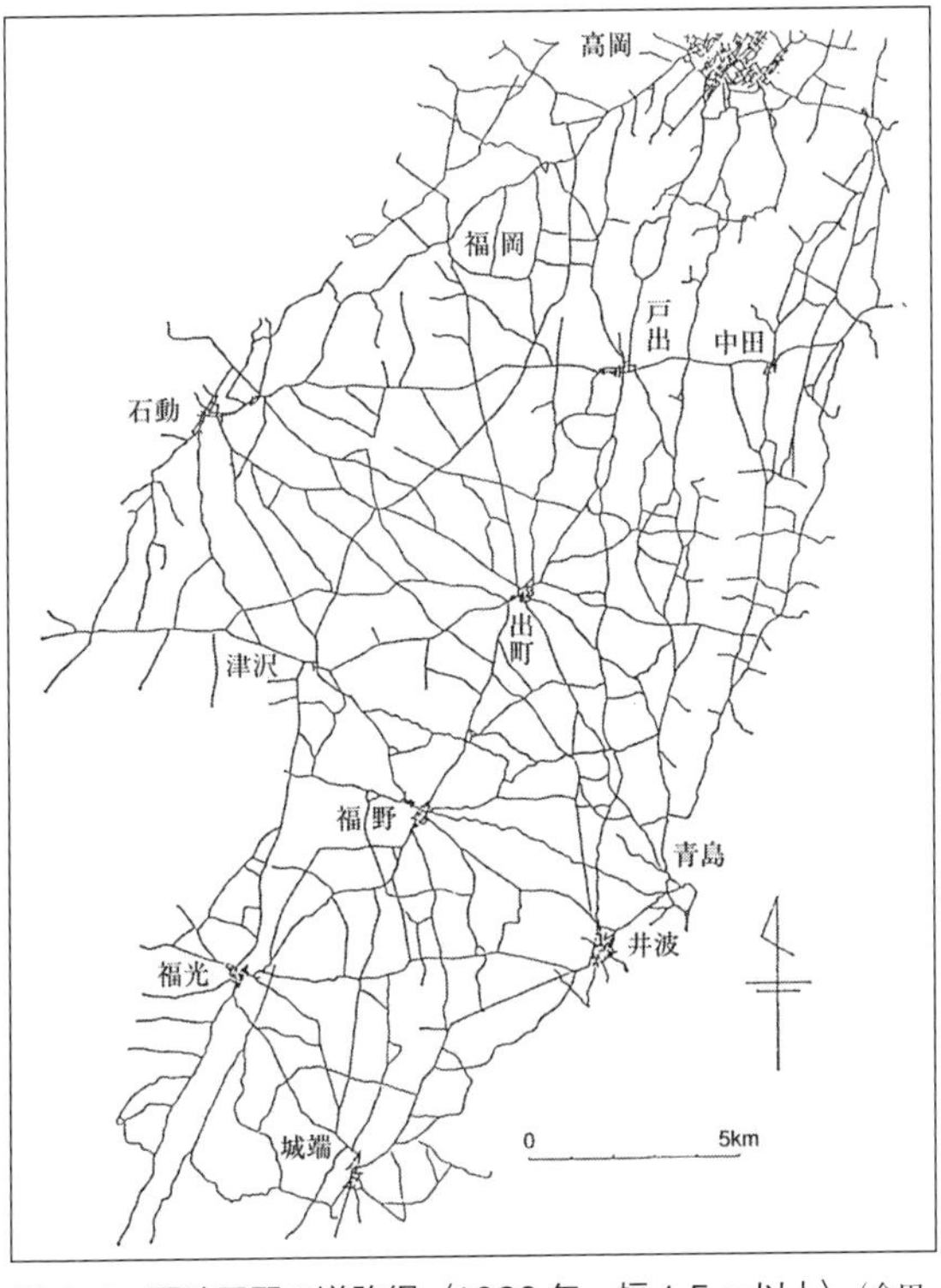

図 5-4　砺波平野の道路網〈1930 年、幅 1.5 m以上〉（金田、1989 年）

てはきわめて高い自動車普及率であった。同四六年には乗用車の台数のみで世帯数を上回っており、同六一年には総世帯数八七八五に対して、総自動車台数二万一四一（自家用乗用車のみで一万二一二四）であった。

つまり圃場整備は、広い区画の農地と、分離された用水路と排水路によって土地利用の多様性を高めると同時に、農業の機械化・省力化を進めたのみならず、図５－５のような高密度の道路網もまた、高い自家用車の普及率をもたらした。両者あいまって砺波平野の散村地帯の新たな生活・産業の基盤となった、といえよう。

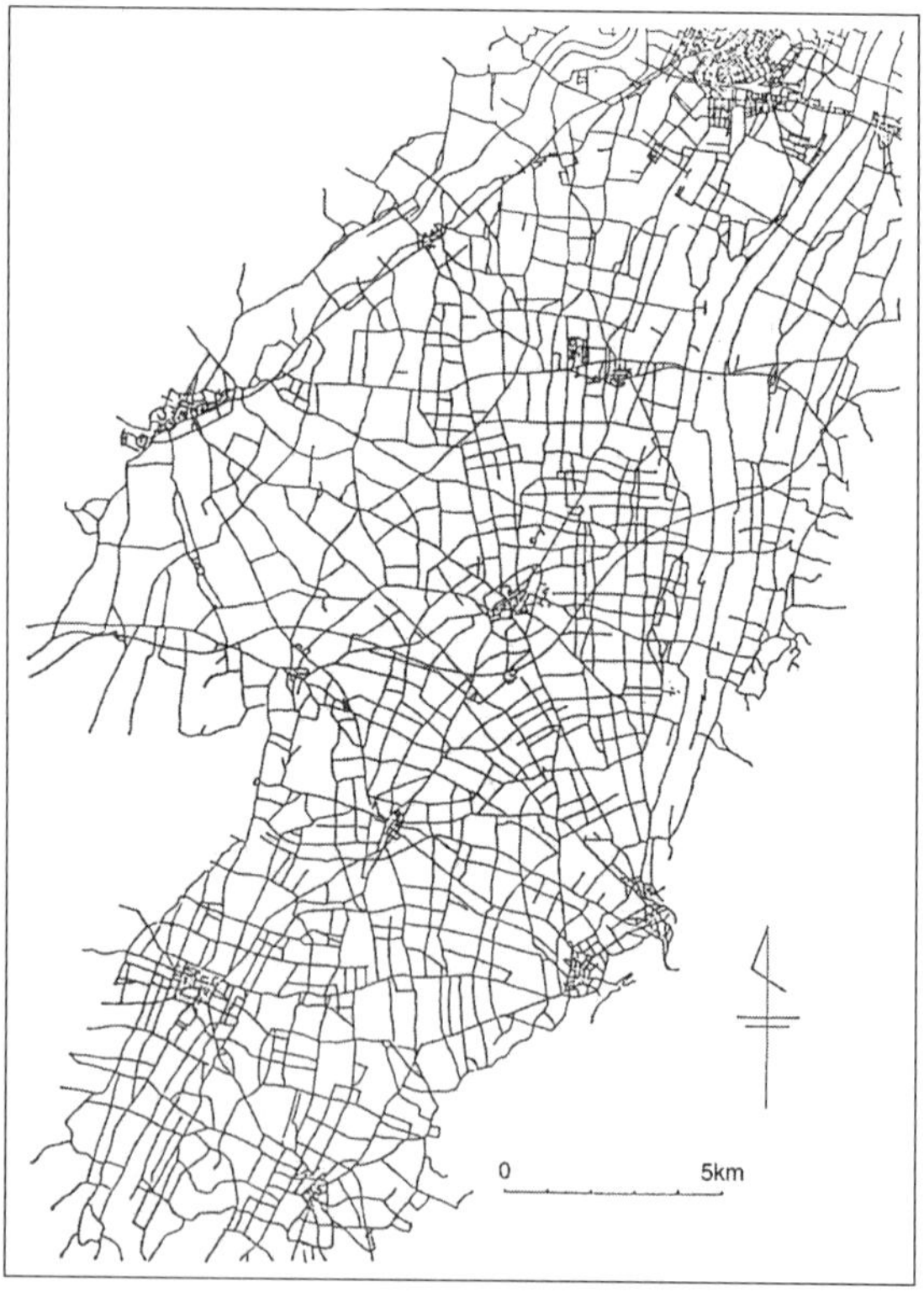

図 5-5　砺波平野の道路網〈1977 年、幅２ｍ以上〉（金田、1989 年）

兼業化と農工一体化

圃場整備による、広い道路と分離された用・排水路によって機械化・省力化が進み、農業から余剰労働力が生じた。これに加えて、各農地をそれぞれ独自に利用することが可能となったことも重要であった。その結果、所得格差を解消しようとする行政の後押しもあって、農地を各種施設や工場用地へ転用することが可能となった。散村地帯への工場進出が盛んとなり、これらへの通勤と、省力化された農業の両立が可能となった。

新藤の調査報告によれば、昭和四四年（一九六九）に福光町（現・南砺市）で操業を開始したS社は、同町荒木の二五戸、小林の一七戸、下野の三戸、計四五戸から計一〇万平方メートルの土地を取得した。福光町でも、それ以前から耕地整理が進み、さらに昭和三七年から圃場整備事業が進展し始めていたので、農業の機械化・省力化が進み、余剰労働力が生じていた。これ以外の事業所も含めて、福光町には昭和四五年時点で一八三の事業所があり、その従業員数が四四四九人であった。

S社操業開始から程ない昭和四六年、同社の従業員計四六七人の内、福光町出身者は二九六人（六四パーセント）、隣接の城端《じょうはな》町三六人、福野町三三人（いずれも現・南砺市）であり、工場近くからの通勤が多かった。とりわけ、用地買収に応じた荒木・小林・下野の三地区からの通勤者が多く、小林地区の農家一九戸の内、一一戸から一六人が通勤していた。一戸当たり二～三人の通勤者という農家も多かった。単なる兼業の域を超えているともみられる（写真5－2参照）。

昭和四六年には「農村地域への産業の導入の促進等に関する法律（略称「農工法」）」が成立し、それに対応した「富山県農工一体化促進事業実施要綱」の適用を受けて、福光町は「農工一体化促進地区」を設定した。これによってH社など、S社の下請け会社群となる工場をも誘致した。

当時の福光町における農工一体化促進地区が設定された北山田地区では、昭和四五年の農家数三三〇戸のうち、専業農家が七戸（三パーセント）、第一種兼業が一五二戸（四六パーセント）、第二種兼業が一七一戸（五二パーセント）であった。すでに農業以外の収入が過半を占める第二種兼業が半数以上となっていた。

同年の福光町全体でも、農家総数二七六一戸のうち、専業農家が一二二戸（五パーセント）、第一種兼業が一〇六一戸（三九パーセント）、第二種兼業が一五七八戸（五八パーセント）であった。

写真 5-2　散村地帯へ進出した工場（中央の白い建物）

昭和五〇年の砺波市では、農家総数が四八〇六戸、専業一二五戸（三パーセント）、第一種兼業五六五戸（一二パーセント）、第二種兼業四一一二戸（八六パーセント）であり、兼業は工業だけにとどまらないが、兼業化とりわけ第二種兼業農家の増大は、砺波平野全域において広く進んでいた。

兼業化の軸となった、農業と工業が一体化した就業構造を、新藤は要綱の表現を受けて「農工一体化」と表現し、いくつかの事例を報告した。農工一体化の背景には、圃場整備事業による機械化・省力化と土地利用変更の実施、ならびに道路網の建設、モータリゼーションがあったとみられる。

中核農家と集団営農

一九九五年には世界貿易機関（WTO）が設立され、関税撤廃の方向が議論された。砺波平野の農業の中心となってきた米についてもミニマム・アクセス米（MA米）の輸入が始まり、農産物輸入全体の急増に結びついた。MA米は、まず四二・六万トンとされ、毎年〇・八パーセント増とし、一九九九年には関税化することが決まった。二〇〇〇年には七六・七万トンの輸入であった。

この動向の中で、もともと小規模経営であった砺波散村では、米価の低下をはじめとする農業経営の基盤存続の危機に遭遇することとなった。加えて、人口のいわゆる少子高齢化によって、農家の後継者難にも直面している。

農業のこのような状況の中において、まず出現したのは営農企業であり、担い手不足の農家の農地を請負って耕作し始めた。次いで集落単位で農業を行う集落営農や、中核農家が中心となって請負を実施するといった、さまざまな大規模営農組織が活動することとなった。いずれも大型農業機械や雇用労働力を伴った営農の主体である。

この動向を受けて、農林業センサスもまた農業の単位の把握方法を変更した。農家を、伝統的な専業農家・第一種兼業農家・第二種兼業農家に分類する方法から、二〇〇五年には「農業経営体」として把握し、それを「家族経営体」と「組織経営体」に分類している。この家族経営体が農家に相当するが、二〇一五年には、その統計項目そのものがなくなった。二〇〇五年の砺波市の農業経営体数は一一三〇三、そのうち組織経営体数は八六であった。

先に述べた各種の大規模営農組織は、統計上は組織経営体であり、集落を基礎とした各種の集落営農が特徴的な組織である。これらの営農組織は栽培作物についても多様化を進め、従来の稲作、チューリップ栽培、サトイモ栽培などに加え、農協が主導する形でタマネギ栽培を実施するようになった。新規の作物栽培にも、技術導入、組織化、販売戦略などの組織的取り組みにより、個々の農家による導入より早く実施できるなどの特徴もある。一方でこれは流通市場への新規参入であり、営農組織が農協へ納入する価格が、市況に大きく左右されることとなった。

これらの各種集団営農、特に集落営農の動向が有する、意義と問題点には少なくとも次の諸点があろう。

第一に、集落営農は、砺波平野における農業の基本的な問題であった小規模経営という構造を、ある程度まで克服した点が特筆される。

第二に、少子高齢化の動向の中で、後継者難に陥っていた農家の農地に継続的耕作が担保されたことである。

第三に、集落営農は雇用労働によるので、一方で雇用先が新規に付加されたという利点も出現した。

第四はこれに伴う問題点である。農家は土地を所有し続けるが、耕作権は集落営農の経営体に移る。従って農家は、土地持ちであるが、非農家となる。散村地域における、このような「土地持ち非農家」の増大は、今後の散村そのものの行方をどのように左右するのか、という点が問題となると予測される。

一方農家には、比較的規模の大きい農家であり続けている例もあり、条件を満たせば「中核農家」と呼ばれた。中核農家は「六〇歳未満で、年間一五〇日以上農業に従事する基幹男子専従者がいる農家」と規定されていた。これも現在は変更され、農業経営計画を市町村に提出して認定された「認定農業者」を、農業の担い手としている。ただしその数は少ない。

いうまでもなく、屋敷林を伴う散村の伝統的農家は周囲の農地を経営し、生活・生業における完結性の高い状況として成立しており、散村景観を維持してきた。その存在形態の重要な要素である農業経営の部分が、農家とは別の主体である営農組織に移ったことになる。

散村におけるこのような新しい状況は、砺波平野にとって歴史的に未経験であり、他の散村地域でも同様である。例えば先に紹介したオーストラリアの散村地域の場合、都市郊外の蔬菜《そさい》栽培農家やホビーファーム（週末農園）を除けば、農業が自律的・経済的に成立しない農家の存在はあり得ない。

砺波平野の散村の行方は、この点でも未知との遭遇であるといわざるを得ない。次には、その方向に関わる兆候や動向を探っておきたい。

2　散村と屋敷林の動向

空家の増加と対策

「土地持ち非農家」とは、かつての中核農家の認定基準からすれば、その認定基準外である。従って、当主が六〇歳以上の老齢であり、認定農業者ともなりえない例が多いであろう。次世代の家族がいたとしても農業以外に就業し、別の地域で生活していることも多いに違いない。

ただし砺波散村の屋敷には屋敷林があり、大きな母屋と納屋や土蔵を備えた農家の景観を呈しているであろう。土地持ち非農家の場合、営農はすでに集落営農などの組織経営となっているので、課題は母屋と屋敷の維持となる。

この当主が散村の屋敷を保持できなくなった場合、具体的には各種施設に移り住んだり、死亡したりすると、空家《あきや》となることになる。その場合、親族の誰かが代わって管理をすることが多いが、それが長期的に続く例は少ないと思われる。自治体では「空家バンク」などを設立し、登録された空家について、新しい利用者の斡旋などを行っている。砺波市の場合、登録数は三〇軒に及ぶ。

それでも、空家の利用が成功している例があるとともに、そうでない例も多い。まずいくつかの事例を見ておきたい。

事例一：農家レストランへの転用　砺波市庄下地区大門《おおかど》の農家レストランは、数年間放置された空家を利用する形で二〇一五年に開業した（写真5－3）。

市からの提案を契機に、地元大門の有志が屋敷林のあるアズマダチの農家を買い取った。現在では六〇人を超える人が出資者となっている。

もともと食生活改善委員として地域の伝承料理を学んで普及する運動をしていた人物が経営者として女将となった。料理長として、地元出身ではないが地域の伝承料理に詳しいプロの料理人を雇用し、店内スタッフ六名はやはり地元住民である。

開業当時は一日当たり四〇人程度の集客であったが、二〇一六年末には一日八〇～九〇人ほどとなり、地元のみならず県外のツアー客も増加したという。

料理は地元の報恩講などの際の精進料理が基本であり、女将は料理の説明、アズマダチの説明、仏壇の説明などを行い、料理教室・ディナーショー・結婚パーティーなども行う。バスツアー客も受け入れている。

伝統的なアズマダチと屋敷林を残しながら、大型バス用を含む駐車場を整備し、散村景観に配慮している。

事例二：転入居住者　空家バンクの成功例ともいえるが、外部からの転入者が散村の農家に居住している例がある。埼玉県から

写真 5-3　農家レストラン

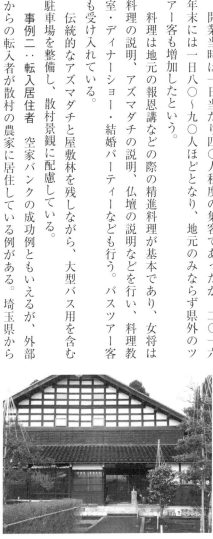

転入してきた家族が、アズマダチの家屋に居住し、スコーンの製造販売を手掛けている。販路を確保・拡大するために事業所・公共施設等への出張販売もしているが、屋敷林・家屋とも旧来のまま借用し、使用されている（写真5－4）。

事例三：廃絶・更地転換　老齢の居住者が亡くなった例である。不幸にして、公務員であった息子夫婦もまた、すでに亡くなっていた。この息子には姉がいるが、すでに嫁いでおり、また高齢で、高岡市在住であった。この姉夫婦の決断により、マエナガレの農家と屋敷林のいずれもが撤去され、更地転換した上で、農地として売却された。農地の地価は低下しているので、撤去と更地転換の費用の方がはるかに高額であった。

写真 5-4　移住者の店舗兼住宅

事例四：放置された空家と屋敷林　居住者がいなくなった住居が放置されている例である。多くの場合、しばらくは相続人が時折訪れているが、維持が持続せず、やがて放置される例が多い。屋敷林の手入がなされなくなるとともに、家屋が廃屋となる。屋敷林が雑多な樹木や雑草の密生した状況となり、廃屋もその中に埋もれた状況となっている。害虫の発生源ともなり、密林状になった屋敷林は景観上も問題となる（写真5－5参照）。

事例一・二が、景観維持の面でも望ましい例であることはいうまでもない。ただし事例一の農家レストランの場合は、成功例ではあるものの、問題をも内包している。現在の経営者・スタッフ共にすでに高齢であるが、同じ経営パターンを地元の人々で続けるために、新たな地元民を探すことが困難である。従って、継続的に営業をすることには問題がある。

一方、事例四が最も深刻な問題であり、全国各地で指摘されている空家問題とも類似する。砺波平野においても散見する例であり、景観維持の面からも解決を迫られる。砺波平野の場合、空家そのものだけではなく、屋敷林の維持の問題が加わる。

なお事例三は、やむを得ない方向での選択であろうが、個人的にはきわめて寂しい決断に違いない。

写真 5-5　空家となった農家と屋敷林

屋敷林の維持と課題

屋敷林が砺波平野の散村景観にとって重要な要素であることは繰り返すまでもない。

しかしすでに述べたように、建築用木材の供給原としての屋敷林の用途は激減した。木材は輸入が一般化し、また工場で加工した建材が主流となっているからである。今ではアズマダチなどの、伝統的な巨大な家屋を建築することもほとんどなくなっている。

さらに、屋敷林の防風林としての役割や、冬の保温、夏の保冷作用なども、住居の構造や建材が変化し、広くエアコンが普及した現在では、すでに住居に必須の機能ではなくなった。むしろ、先の事例四のように、空家の放置とともに、手入れされなくなって荒れた屋敷林の方が、景観に悪影響を及ぼす。

かつて屋敷林がもたらした各種の食材や果実もまた、伝統的生活にとっては重要な要素であった。しかし今では、スーパーマーケットなどの店頭において、いつでも、いろいろな種類の果物などを容易に入手できることとなった。やはりこれも、屋敷林の機能の減衰に結びついている。

このような状況にもかかわらず、屋敷林の維持には、毎年手入れが必要であり、数年ないし十数年に一度は、抜本的な剪定作業が不可欠である。とりわけ高木の場合は樹木に対する知識を有し、さらに作業技術にも習熟することが必要となる。

また、家庭燃料が電気・ガスとなり、選定された屋敷林剪定後の枝葉や、スンバ（杉葉）などの落葉の用途がなくなったこともまた、維持・管理に大きな影響を及ぼしている。そればかりでなく、むしろこれらの用途を失った枝葉・落葉の処理にも労力・費用を費やすこととなっている。

このように屋敷林の維持・管理の作業が問題となっているが、これに対して自治体による、保全・維持の援助プログラムが提供されている。砺波市・南砺市では、富山県の助成を得て、屋敷林の具体的な剪定に費用の二分の一（上限、一戸当たり二〇万円（令和四年度、以下同様））、屋敷林の育成や研修事業にやはり費用の二分の一（上限、地区ごとに一五万円）などが補助されている。

写真5－6は、スギの本格的剪定を施した直後の状況である。これほどの枝打ちが不可欠であるかどうかは好みにもよろうが、落葉となるスンバを少なくする効果は高いであろう。

また、落葉および剪定した枝葉の処理をするために、両市の各一か所のクリーンセンター（ゴミ処理場）への搬入にも、自治体の補助がある。特定の日程と場所には、枝葉の回収車が無料で配車されている。

しかし、これらの支援にもかかわらず、屋敷林の減少は続いており、散村地帯における屋敷林の無い家や、きわめて樹木の少ない家も増えている。また全体として、杉に代表される高木からなる屋敷林は減少しているが、低木の庭木が増加していることも近年の動向である。

写真5-6　剪定直後の屋敷林
（上）事前、（下）事後（総合地球環境学研究所、2022年）

散村地帯への住居移転

砺波平野ではすでに一九五〇～一九八九年の間に、石動《いするぎ》・出町（砺波）・福野・福光・城端・井波などの中心集落において人口が減少し、城端以外の中心集落では隣接地区の人口が増加していたことを先に紹介した（図4－8参照）。平野のほぼ中央に位置する出町・福野・福光などにおいて、共通して見られる現象であった。これはオーストラリアの散村・小都市群地域における中心集落の淘汰によって、人口が大きく伸びる中心集落と、消滅する多くの小さい中心集落に分かれる動向とまったく異なっている。すでに、その要因を検討すべきこともあわせて指摘した。

砺波平野では圃場整備以後、散村地域に工場などの事業所が進出し、兼業化が著しく進行したこともすでに述べた。その動向に加えて出町では、市役所・砺波総合病院・スーパーマーケットなどの主要施設が市街周辺部の幹線道路やそのバイパス沿いに移転したり、新規に立地したりしている。いわばアーバンスプロールである。そこでさらに、人口動向に直接関わる居住地の移動について、住居の新築・移転の観点からの調査例（一九九〇年）を紹介したい。

砺波市域の場合、一九七八～一九八七年の一〇年間における宅地移転を伴う住居の新築件数は計三二三件であった。このうち砺波市内居住者の住宅建設が一二二戸（三五パーセント）と当時の自治体別では最も多いが、砺波平野の他の市および旧町の居住者が計一三四戸（四二パーセント）、高岡市からが五二戸、県外一七戸であり、市外からの移住が計六三パーセントを占めた。

新しい住宅の建築場所は、出町内が七五軒、出町に隣接する七地区が計二一二軒、その外側の六地区が計三五軒、東の段丘上が一軒であった。人口動向と符合し、隣接する地区での住宅建設が六六パーセントを占めていた。

このような状況から知られることは、市外からの転入者が多いことと、旧市街への転入ではなく、周辺の散村地域への移住者が多いという状況である。

また、砺波市内居住者の新住宅建設一一二戸の内、五八戸の調査結果が得られた。それによれば、旧住居から新住居への移動距離は平均一・五キロメートルであった。これに伴って平均宅地面積は、旧住居の二一六平方メートルから、新住居の四四七平方メートルへと広くなり、床面積も一六〇平方メートルから二一〇平方メートルへと大きくなった。宅地内での車庫所有率は四〇パーセントから八二パーセントへと大きく増加し、これに伴って自家用車保有台数も平均一・三台から一・九台へと増加した。

この動向は砺波平野のほかの市や旧町にも共通する。住居の新築・移転はいずれも、広い住宅と、宅地内の複数の自家用車用の車庫を求めていたとみられることになろう。

徒歩交通を中心とした散村・小都市群地域では、伝統的に中心集落における生活・就業の利便性が高く、散村では生活・就業の点では完結性が高かったが、利便性、とりわけ情報・サービスへのアクセスの点では、中心集落との格差が大きかった。

ところが出町のように、工場などの事業所のみならず、役所・病院・スーパーマーケットなど公共サービス・大型店舗・各種事業所などの郊外立地が進むと、中心集落内の居住者であっても通勤・各種手続き・通院・買い物などの際に、それぞれの場所へ出

写真 5-7　中心集落外の都市施設と農家の混在

かける必要が生じてきた（写真5－7参照）。

一方で散村地域では、圃場整備の進行に伴う道路整備と自家用車の普及などのみならず、テレビ・電話・インターネットなどによって、情報・サービスへのアクセスも中心集落との差が解消された。さらに電気・ガスなどの公共サービスに加え、散村地域であっても上下水道網も整備され、生活の利便性は著しく向上した。広い宅地と車庫スペースが確保できる散村地帯は、これらの点で、むしろ有利性を有していることとなった。すでに述べた、散村地帯の新住居への移転に伴う変化からも、この状況をうかがうことができる（写真5－8参照）。

中心集落の旧市街と散村地域の利便性の格差が解消し、交通条件のおいても情報アクセスにおいても、散村の不利益がなくなって、むしろ屋敷林が点在する散村の景観・環境が積極的評価を生むこととなった、と表現することが可能である。いわば散村・小都市群地域が、全体として分散型の都市環境を形成したといってもよい状況であろう。

写真5-8　散村地帯へ移住した住居

分散型都市の環境

昭和一〇～一八年（一九三五～四三）にかけて、砺波平野では庄川からの各用水取入口が合口され、流域全体の用水路が再整備されたことは先に述べた。時期はこれより遅れるが、やがて散村地帯においても、上下水道の整備が進んだことも紹介した。

昭和三七年からは圃場整備事業が始まり、三〇アールを基準とした広い水田区画と、各区画の用排水分離が進められ、同時に広い農道・幹線道路網の建設が進行した。用排水分離や道路網は、農業の機械化や多様な作物栽培を可能とするとともに、工場や各種事業所への土地利用の転換を容易にし、政策的にもそれを誘導した。

この時期の日本はいわゆる「高度成長」期であり、工業化が進行する一方で、農業の機械化や省力化による余剰労働力が発生した。自家用車の普及が急速に進み、散村地帯に誘致された工場への通勤を軸とした、「農工一体化」と称される農家の兼業化も著しく進んだ。

このころにはまた、テレビ・電話などの通信・メディア機器も普及した。これによって、伝統的に存在した、散村地域と中心集落部分の情報格差も大きく解消された。

さらに、中心集落部分に集中していた、役所をはじめとする各種公共サービス機能が、新しい施設の用地を求めて郊外へと移転し（「アーバンスプロール」と表現してもよい）、スーパーマーケットや新しい量販店、各種の事業所なども旧市街地外縁の散村地帯へと進出した。

住宅もまた、車庫を設置できる広い敷地を求めて、散村地帯に新築・移転するケースが多かったこともすでに述べた。

この状況を中心集落居住者からみると、小さな市街地内部の徒歩圏内で完結していた生活圏が大きく拡散したことになり、自家用車を使用することが便利ないし有利となるように変化したことになる。散村地帯からみると、各種インフラストラクチュアの整備と、このような中心集落市街から郊外への都市施設の拡散があいまって、また郊外における新住宅の建設、あるいは散村地帯への新住宅の進出が、きわめて一般的な現象となったことになり、中心集落との利便性の格差が大きく改善されたことになる。

例えば、分布密度の低いオーストラリアの散村・小都市群地域では、自動車の普及と並行して、中心集落の淘汰による、その盛衰が顕著な現象であったことをすでに述べた。これに対して、砺波平野のような分布密度の高い散村・小都市群地域では、中心集落の配置や規模に大きな違いがなかった。砺波平野では、中心集落の淘汰ではなく、その機能の散村地帯への拡散と、散村・小都市群地域全体としての均質化が進んでいることになる。

この状況の参考までに、大まかな概数をあげてみたい。砺波散村における伝統的な農家の平均経営規模（約一ヘクタール）に加え、新たに散村地帯に建設された住宅を同数と仮定すれば、平均の分布密度が〇・五ヘクタール当たり一戸となる。

一方オーストラリアにおける市街の宅地区画を、実際に存在した計画に見られた一エーカー（四〇四七平方メートル）単位と仮定すれば、ほとんど砺波平野の散村地帯と変わらない平均密度となる。やはり実際に多かった〇・五エーカーとすれば、オーストラリアの郊外住宅地の方が、砺波平野の散村地帯に比べて、密度が二倍ほどとなるだけである。

つまり砺波平野の散村地帯は、道路・上下水道をはじめとするインフラストラクチュアが整った、また公共サービス・商店・スーパーマーケット・工場などが点在した分散型都市（Dispersed City）環境として展開しているとみることができる。

個々の居住者からみれば、今や通勤や日常生活に不可欠な自家用車の車庫を自宅敷地に設置できる空間的ゆとりがある。この点では、中心集落の旧市街より優れた居住環境となっていることになろう。

散村地帯は、もともと屋敷林を伴った農家が点在する伝統的な農村である。このような、居住の場と就業の場が一体となった農家からなる散村地帯は、典型的な文化的景観の例でもある。その場において、各種の都市的なインフラストラクチュアが整い、都市機能が散村地帯に点在して分散型都市環境となったことになる。

分散型都市環境となったとしても、屋敷林のあるアズマダチなどの家々を維持することができれば、依然として景観上も、平野全体が大変好ましい居住環境であることになろう。写真5－9は、先に述べたような各種施設と農家が混在する分散型都市環境の景観である。

写真 5-9　分散型都市環境となっている砺波散村

◎主要参考文献

庄川合口用水史編集委員会編『庄川合口用水史』庄川合口用水史刊行会、一九六七年
舘明「砺波平野扇央部の屋敷林の実態」『砺波散村地域研究所研究紀要』五、一九八八年
金田章裕「砺波散村地域の構造変化」『砺波散村地域研究所研究紀要』六、一九八九年
金田章裕「砺波平野における中心集落から散村地区への住居移転」『砺波散村地域研究所研究紀要』七、一九九〇年
富山県散村屋敷林研究会「散村の屋敷林定点観測調査」『砺波散村地域研究所研究紀要』一六、一九九九年
金田章裕「居住の場としての砺波散村と分散型都市環境」『砺波散村地域研究所研究紀要』二一、二〇〇四年
金田章裕・藤井正編『散村・小都市群地域の動態と構造』京都大学学術出版会、二〇〇四年
庄川沿岸用水土地改良区連合編・刊『砺波平野疏水群庄川沿岸用水』二〇〇九年
新藤正夫（金田章裕編）『富山砺波散村の変貌と地理学者』ナカニシヤ出版、二〇一一年
金田章裕編『21世紀の砺波平野と黒部川扇状地』桂書房、二〇一九年
島内他編『地域の歴史から学ぶ災害対応　砺波平野庄川流域の散村と伝統知・地域知』総合地球環境学研究所、二〇二二年
金田章裕『なぜ、日本には碁盤目の土地が多いのか』日経プレミアシリーズ、二〇二三年

おわりに

いきなり私事にわたることをお許しいただきたい。

私は砺波平野の一隅で生まれた。中学生のころまで散村の農家で育ち、農村というのは砺波散村のようなもので農家が点在し、町というのは砺波平野の中心集落のようなものだと思っていた。そのころ、祖父に時折連れて行ってもらう金沢や、進学した高岡高校のある高岡には、私にとっては珍しいデパートがあり、近くの「大都市」であった。

ところが京都大学に入学した後、サークルの一泊旅行で奈良県へ行ったとき、奈良盆地の農村が散村ではなく、小さな町のように家々が集まっていることに驚いた。大学では三回生のときから専攻に分属したが、そのときには地理学を専攻することを選んだ。砺波と奈良という、二つの農村のコントラストがあることに気づかされたことが一つの背景であった。

今一つの背景は、大正時代の小川琢治論文を目にし、それが砺波平野を取り上げていたことであった。その著者が地理学講座の初代教授であったことを、専攻を選んだときに意識したように思う。

このような契機があって、卒業論文には砺波平野の開拓過程をテーマに選び、修士論文には近畿地方の村落形態の形成過程を研究対象に選んだ。これらのテーマは、地理学の中では歴史地理学に分類され、対象地域はさまざまであるが、それが私の主要な研究対象となった。

本書の参考文献の中の拙著は、それ以後の研究生活の中で著したものである。これらには砺波平野に関わる部分も含まれ、また対比のために本書に引用した、オーストラリアに関わる部分も含まれていることは参考文献として当該の章に掲げた。

砺波平野には、砺波市立の砺波散村地域研究所が設置されている。私は昭和五八年（一九八三）の創設以来、研究紀要に論文を寄稿したり、講演会・シンポジウムなどに参加したりするとともに、私自身が代表者となった科学研究費補助金による共同研究などには、その調査にご協力もいただいた。

もともと郷里には、機会を見つけて年に数回は帰省していたが、生まれ育った家は両親が亡くなると空家となった。京都を中心に生活している私には、そこに居住はできなかったが、懐かしい家・屋敷林を引き続き維持し、帰省の度に子供のころからの友人との交友を続け、地区の行事にも協賛してきた。

誰でもそうであるのかもしれないが、このような生活を続けて私は、故郷である砺波と、大学時代以来の京都の両方のアイデンティティを持ち続けてきたように思う。地理学者としていろいろな地域の調査や研究をしてきたが、いずれもどこかに、この二つのアイデンティティに由来する視角があったと思う。

私は偶然にも、初代小川教授から続く京都大学文学研究科（文学部）地理学教室の九代目の教授を拝命することとなった。教授退任後は大学共同利用機関法人人間文化研究機構の機構長を務めていたが、その退任とともに平成二六年（二〇一四）には、砺波散村地域研究所の所長を拝命することとなった。同所長就任後、今年で一〇年目となる。

その機会に、散村と屋敷林について一書にしておきたいと思ったのが、本書執筆の直接のきっかけである。本書でたどったような、特徴的な散村・小都市群地域における散村と屋敷林の実態や特徴、またそれが分散型都市の環境へと変化していることについて述べておきたいというのが、その目的である。そのような砺波平野と散村地域における特性の抽出が、砺波散村研究の進展と理解の増進に結びつき、またそこで生活を送る人々にとっても、多少なりとも参考になることがあれば幸いである。

なお、本書の上梓については、ナカニシヤ出版の御高配を得た。編集実務を御担当いただいた同社の石崎雄高氏、ならびにさまざまな情報をいただいたり、また共同研究等でもお世話になることが多かった、砺波散村地域研究所の事務局や研究所員の方々とともに、末尾ながらお礼を申し上げたい。

二〇二三年早春　　　　金田章裕

金田章裕（きんだ・あきひろ）

1946年生まれ。京都府立京都学・歴彩館館長。砺波市立砺波散村地域研究所所長。京都大学名誉教授。専門は歴史地理学。
〈著作〉
『なぜ，日本には碁盤目の土地が多いのか』（日経プレミアシリーズ，2023年），『琵琶湖―水辺の文化的景観―』（平凡社，2022年），『地形と日本人―私たちはどこに暮らしてきたか―』（日経プレミアシリーズ，2020年），『景観からよむ日本の歴史』（岩波新書，2020年），『和食の地理学』（平凡社新書，2020年），『古地図で見る京都』（平凡社，2016年），他多数。

散村と屋敷林―砺波平野の分散型都市環境―

2023年10月12日　初版第1刷発行　定価はカバーに表示してあります

著　者　金田章裕
発行者　中西　良
発行所　株式会社ナカニシヤ出版
〒606-8161　京都市左京区一乗寺木ノ本町15番地
電　話　075－723－0111
FAX　075－723－0095
振替口座　01030－0－13128
URL　http://www.nakanishiya.co.jp/
E-mail　iihon-ippai@nakanishiya.co.jp

落丁・乱丁本はお取り替えします。ISBN978-4-7795-1763-1 C0025

装丁　草川啓三
印刷・製本　モリモト印刷